汽车技术精品著作系列

汽车车身运动的分析计算

党潇正 彭 莫 岳惊涛 卫晓军 濮 卉 著

机械工业出版社

本书的核心内容是汽车车身的三大运动：车身（悬挂质体）相对于车轮（非悬挂质体）的旋转运动；车身相对于地面的侧倾运动和纵倾运动；车身相对于地面的摆振运动。此外还概述了与车身运动相关的基础知识和理论，以及相关的总成部件设计，具有理论与实际相结合的特点。

本书适合汽车科技工作者和工程技术人员研究和设计汽车及汽车悬架时使用，也可供相关专业师生阅读参考。

图书在版编目（CIP）数据

汽车车身运动的分析计算/党潇正等著. —北京：机械工业出版社，2021.7
（汽车技术精品著作系列）
ISBN 978-7-111-68797-9

Ⅰ.①汽… Ⅱ.①党… Ⅲ.①汽车–车体–计算 Ⅳ.①U472.4

中国版本图书馆CIP数据核字（2021）第150299号

机械工业出版社（北京市百万庄大街22号　邮政编码100037）
策划编辑：何士娟　责任编辑：何士娟　丁　锋
责任校对：刘雅娜　封面设计：马精明
责任印制：张　博
北京玥实印刷有限公司印刷
2022年1月第1版第1次印刷
184mm×260mm·9.5印张·229千字
0 001—1 900册
标准书号：ISBN 978-7-111-68797-9
定价：99.80元

电话服务	网络服务
客服电话：010 - 88361066	机 工 官 网：www.cmpbook.com
010 - 88379833	机 工 官 博：weibo.com/cmp1952
010 - 68326294	金　书　网：www.golden - book.com
封底无防伪标均为盗版	机工教育服务网：www.cmpedu.com

前　言

　　本书适合汽车工程技术人员进行汽车和汽车悬架设计时使用，也可供相关专业师生阅读参考。

　　本书中提及的车身，是指悬挂质体；所提及的车轮，是指非悬挂质体。

　　本书共三章：第一章是基础理论，系正确理解车身（悬挂质体）运动的必备知识。第二章介绍了车身运动，是全书的核心内容，包括：悬挂质体绕悬架瞬时轴线相对于非悬挂质体的旋转运动；悬挂质体绕侧（纵）倾瞬时轴线相对于地面的侧（纵）倾运动；悬挂质体绕摆振瞬时轴线相对于地面的摆振运动。第三章介绍了相关总成部件，着重介绍了抗倾杆、稳定装置和阻尼元件抵抗车身的非正常运动，并研究了梯形机构因车身运动的牵动对汽车转向特性的影响。

　　层次鲜明、由浅入深是本书的一大特点。基础理论为深入理解车身运动打下了基础，车身绕车轮的运动又为车身绕地面的运动创造了条件等。

　　实事求是、理论联系实际是本书的第二大特点。为便于理解和设计实用，每讲完一部分之后，都有计算实例，做到了学以致用。

　　本书力求有所创新，提出了不少新的理念。例如，提出了车身运动的角加速度、角阻尼和阻尼力矩的概念，提出了阻尼元件也可抵抗车身运动的想法以及悬架瞬时轴线等；在多轴汽车中，车身运动必将使车身承受附加力矩，同轴侧倾和等角偏转的概念、调和瞬时轴线和换算力矩臂的设想，特别是摆振瞬时轴线和摆振运动的理念解决了多轴汽车负荷分配及频率计算等一系列问题。

　　以上这些思路和想法，还望同行人士多多批评指正，相研相析，共推发展！

　　在编写本书的过程中，杨雪峰、孙栋等同志做了不少工作，在此对他们表示真诚的感谢！

　　书中难免存在不妥或错误之处，恳请读者提出宝贵意见与建议，以便修订时予以纠正。

著　者

目 录

前言
第一章　车身运动的基础理论 ………………………………………………………… 1
　一、相关定理 …………………………………………………………………………… 1
　二、换算线刚度 ………………………………………………………………………… 4
　三、组合线刚度 ………………………………………………………………………… 6
　四、中性面 ……………………………………………………………………………… 7
　五、二面距 ……………………………………………………………………………… 8
　六、角刚度与角刚度比 ………………………………………………………………… 9
第二章　车身运动 …………………………………………………………………… 17
　第一节　车身运动的基本理念 ………………………………………………………… 17
　第二节　车身绕车轮的运动 …………………………………………………………… 18
　　一、单横臂独立悬架 ………………………………………………………………… 18
　　二、单纵臂悬架 ……………………………………………………………………… 19
　　三、麦弗逊悬架 ……………………………………………………………………… 21
　　四、半拖臂悬架 ……………………………………………………………………… 26
　　五、双横臂悬架 ……………………………………………………………………… 32
　　六、钢板弹簧悬架 …………………………………………………………………… 46
　第三节　车身的侧倾和纵倾运动 ……………………………………………………… 61
　第四节　车身的摆振运动 ……………………………………………………………… 71
　　一、摆振瞬时中心（轴线）距 ……………………………………………………… 72
　　二、多轴汽车的负荷分配 …………………………………………………………… 73
　　三、多轴汽车的越障问题 …………………………………………………………… 82
第三章　相关总成部件 ……………………………………………………………… 92
　第一节　汽车抗倾杆 …………………………………………………………………… 92
　第二节　汽车稳定装置 ………………………………………………………………… 93
　　一、稳定装置的设计规范 …………………………………………………………… 94
　　二、稳定装置的设计计算 …………………………………………………………… 97
　　三、结构及布置 ……………………………………………………………………… 99
　　四、普通型杆体变形公式的推导 …………………………………………………… 100
　第三节　汽车阻尼元件 ………………………………………………………………… 104
　　一、阻尼元件的分类及发展 ………………………………………………………… 104
　　二、阻尼元件的设计选用 …………………………………………………………… 111
　第四节　汽车梯形机构 ………………………………………………………………… 123
　　一、普通梯形机构 …………………………………………………………………… 124
　　二、断开式梯形机构 ………………………………………………………………… 132

参考文献 ……………………………………………………………………………… 145

第一章

车身运动的基础理论

为了解汽车车身运动的本质,掌握其运动的规律和建立各种计算方法,就必须了解下列相关的基本法则、原理和定理,就必须掌握中性面和角刚度等一系列的基础理论。下面分别介绍相关定理、换算线刚度、组合线刚度、中性面、二面距以及角刚度和角刚度比等。

一、相关定理

与车身运动相关的原则、法则以及原理、公理和定理,虽多而繁杂但又十分重要,现分述如下。

1. 虚位移原理

假定悬架系统是常定的理想约束系统(刚性连接、无摩擦、无滑动),该系统在主动力系作用下,平衡的充要条件是虚位移所生之元功和为零,即

$$\sum_{i=1}^{n} \Delta W_i = 0 \tag{1-1}$$

例如,在图 1-1 所示的单横臂悬架中,主动力系的力仅有 ΔP 和 δP,轮胎和弹簧的变形分别为 Δf 和 δf,虚位移所生之元功和为

$$\sum \Delta W_i = \Delta P \Delta f - \delta P \delta f = 0$$

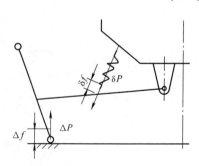

图 1-1 虚位移所生之元功

2. 等效法则

在图 1-2a 中,刚度为 C 的弹簧放在杠杆比为 m/n 的地方,如果在车轮着地处,也就是杠杆比 $m/n=1$ 的地方放置一个刚度等于 K 的弹簧(图 1-2b)来取代原弹簧,则其力学性质不变,效果不变。这个后放置上去的弹簧,就叫作等效弹簧(当量弹簧)。

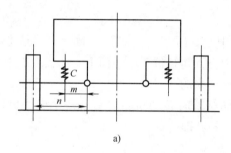
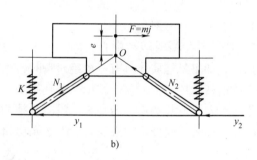

图 1-2 等效弹簧

3. 硬化公理

由数个可以相对运动的构件组成的系统,在平衡的瞬时,可以把它们看成是一个刚性的整体。所谓刚性整体,就是在此刻构件间不存在相对位移。这个公理对于寻求悬架瞬时中心和简化机构是很有用处的。下面举例说明。

【例1】 双纵臂悬架导向机构

双纵臂悬架导向机构在受到制动力或驱动力后,上、下杆对车身都有作用力,其方向必都沿着各自的杆向,如图1-3所示。悬架对车身作用力的合力,也就是上、下杆对车身作用力的合力,必通过两杆延线的交点,也就是纵向悬架瞬时中心 C_L。根据硬化公理,在平衡的时刻,可以把上下杆和车轮一起看成是一个刚性的整体。而点 C_L 和车轮着地中心 E 是这个刚体上仅有的两个受力点。显然,这两点处的合力大小相等、方向相反,作用线就是这两点的连线。合力的大小可以由它在水平方向的投影等于该轮的制动力或驱动力求得。

由上述可知,此处的双纵臂悬架已被简化为一个等价的单纵臂悬架。在这里,我们把 $C_L E$ 的长度 R 称为"推杆",把夹角 α 叫作推杆角。

如果两杆平行,则悬架瞬时中心在无穷远处,"推杆"线与地面重合。

【例2】 双横臂悬架导向机构

双横臂悬架摆臂轴销线相交于前轮后方,制动力 P_T 作用于车轮着地中心 E,沿上、下臂轴销的约束反力 N_u、N_d 的方向与轴销线相同,N_u、N_d 的合力 N 必通过轴销线的交点——纵向悬架瞬时中心 C_L,如图1-4所示。

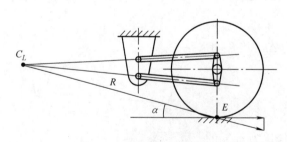
图1-3 双纵臂的悬架中心

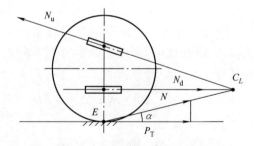
图1-4 双横臂纵向悬架中心

根据硬化公理,在平衡的时刻可将轴销和车轮一起看成一个刚性的整体。而 C_L、E 两点是这个"刚体"上仅有的两个作用力点,显然 C_L、E 两点处的合力 N 大小相等,方向相反,作用线就是 E、C_L 的连线,它在水平方向上的投影等于制动力 P_T。由此可知,双横臂导向机构已被简化为一个等价的单纵臂悬架。

4. "二心"一致性

"二心"是指瞬时转动中心(瞬心)和力矩中心。所谓"二心"一致性,就是指在单自由度下,如果悬挂质体具有一个绝对瞬时转动中心,而且位于中性面上,那么力矩中心必在绝对瞬时转动中心上。这个结论是郭孔辉院士提出来的。

假设悬架为理想约束,若在某一瞬时悬挂质体绕瞬时转动中心 O 旋转一个微小位移 $\delta\theta$(图1-5),那么导向杆系约束反力所生之元功和为零,即

$$\sum_{i=1}^{n} N_i r_i \delta\theta = \left(\sum_{i=1}^{n} N_i r_i\right)\delta\theta = 0$$

式中 N_i——某一约束反力；

r_i——N_i 到瞬时转动中心的距离；

$N_i r_i$——第 i 个约束反力对瞬时转动中心的力矩；

$\sum_{i=1}^{n} N_i r_i$——n 个约束反力对瞬时转动中心的力矩和。

由力学可知，所有分力对某一点的力矩和，必等于其合力 N 对该点的力矩。设合力到瞬时转动中心的距离为 r，那么便有

$$\sum_{i=1}^{n} N_i r_i \delta\theta = Nr\delta\theta = 0 \quad (1-2)$$

由于 N 和 $\delta\theta$ 不为零，故唯一能使虚功为零的条件就是 $r = 0$，即约束反力的合力通过瞬时转动中心。

由前述可知，侧倾力矩中心就是导向杆系约束反力的合力与中性面的交点。若瞬时转动中心在中性面上，则这个瞬时转动中心就是导向杆系与中性面的交点，即侧倾力矩中心。假设自由度不为1，瞬时转动中心就不止1个，那么只有位于中性面上的那个可能的瞬时转动中心才是侧倾力矩中心。

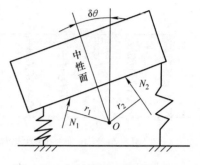

图 1-5 瞬时转动中心和力矩中心

5. 三心定理

力学中的"三心定理"，对于求解复杂导向机构的力矩中心是很有用处的。它是通过求瞬时转动中心的办法来求取力矩中心的。

"三心定理"——三个杆件的三个相对瞬时转动中心排列在一条直线上。

图 1-6 所示是一个单横臂悬架，由图左边可知，车轮3与地面2的瞬心是 P_{23}，车身1与车轮3的瞬心是 P_{13}。由"三心定理"可知，车身1与地面2的相对瞬心 P_{12} 必在 P_{23} 和 P_{13} 的连线上。4 为另一个车轮。

同理可知，P_{12} 又必在 P_{24} 和 P_{14} 的延长线上，也就是说 P_{12} 就是车身与地面的瞬时转动中心。根据"二心"一致性，P_{12} 就是力矩中心 O。

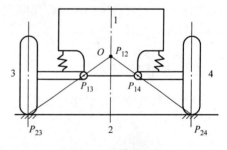

图 1-6 单横臂悬架

值得说明的有如下两点：

1) 根据三心定理，在多数情况下可以较为容易地找到瞬心，而"二心"一致性则又可以判定它为力矩中心。然而这是有条件的，那就是单自由度、一个瞬心的假设，是瞬心必须在中性面上。然而严格来说，车身对称面及质心面，往往不与中性面重合。因此，利用三心定理寻找力矩中心，虽然较为方便，但不一定准确。

"导向杆系约束反力的合力与中性面的交点就是力矩中心"的力矩中心说，有时虽较麻烦，但它较为准确，有时它还反而简单。所以两种方法，均可酌情选用。此外，从设计者的角度出发，应尽可能在横向上使中性面落在质心面和几何对称面上。

2) 图 1-6 中的点 P_{12}、P_{13}、P_{14} 和 P_{23}、P_{24} 必须在同一平面上，也就是必须落在过车轮着地中心 P_{23} 和 P_{24}，且垂直于 x 轴的平面上，否则所谈理论是不成立的。

6. 变形一致性原则

在多轴汽车系统中，车身无论是侧倾运动、纵倾运动，还是摆振运动，在相关载荷的作用下，各弹性元件的变形都将遵守一致性原则。也就是说，各弹性元件无论刚度大小，其变形量均与所在的位置成比例，如图1-7和图1-8所示。

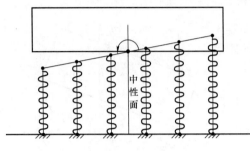
图1-7 车身绕纵倾瞬时轴线转动

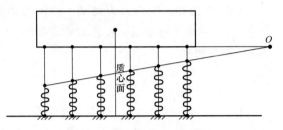
图1-8 车身绕摆振瞬时轴线摆振

7. 同轴侧倾原则

汽车车身在侧向加速度和侧倾力矩的作用下，必然绕着侧倾瞬时轴线侧倾。在二轴汽车中，这条轴线就是前后悬架侧倾瞬时中心的连线。在多轴汽车中，尽管各悬架的侧倾瞬时中心高低不一，很难形成统一的侧倾轴线，但车身依然要绕着一个叫作调和轴线的同一轴线侧倾，参见第二章。

8. 等角侧倾原则

汽车车身在侧倾力矩的作用下绕着同一侧倾轴线侧倾时，必然遭到各轴悬架反倾力矩的反抗。虽然各悬架的外力矩和反倾力矩的大小都不相同（侧倾瞬时中心和质心高度不同，力矩臂不等，而且各轴侧向力和角刚度等都不相同），但半刚体的车身依然在相关部件的变形下保持等角侧倾，参见第二章。

二、换算线刚度

悬架换算线刚度是悬架计算的基础，它包括的范围很广，如弹簧和轮胎的串联组合线刚度为

$$C = \frac{C_{胎} C_{簧}}{C_{胎} + C_{簧}} \tag{1-3}$$

又如非对称钢板弹簧，若两端弹簧的线刚度为 C_1、C_2，那么它们的并联组合线刚度为

$$C = \frac{C_1 C_2}{C_1 l_1^2 + C_2 l_2^2} l^2 \tag{1-4}$$

各种独立悬架的换算线刚度公式是最为有用的，然而它的计算公式推证起来是比较复杂的。下面仅介绍通用公式的推证，至于具体悬架，仅举一个例子，其余公式此处一律不予推证。

所谓独立悬架的换算线刚度，就是在车轮处，也就是在所谓杠杆比等于1的地方的地面上，垂直地面放置一个弹簧，这个弹簧与放置在杠杆比不为1处的实际弹簧的作用相当。有人把这个假设的弹簧命名为"等效弹簧"，它的线刚度即是换算线刚度。

各种独立悬架的换算线刚度公式，一般采用虚位移原理来推证，即假定悬架系统是常定

的理想约束系统。该系统在主动力系作用下，平衡的充要条件是虚位移所生之元功和为零，即

$$\sum_{i=1}^{n} \Delta W_i = 0$$

系统在外力作用下，地面相对于车身的垂直位移 Δf 即是"等效弹簧"的垂直变形。换算线刚度 K 与 Δf 的乘积，就是在车轮着地点作用于系统的微元力 ΔP。在主动力系中，除力 ΔP 外，还有一个实际弹簧的变形力 $\delta P = C\delta f$。C 是实际弹簧的线刚度，δf 是弹簧轴线方向的变形。这是因为导向杆系的约束反力的合力通过瞬心，其功为零。而且各铰接部位刚性无摩擦，地面无滑动摩擦。因此，由虚位移原理可得

$$\sum \Delta W = 2\Delta P \Delta f - 2\delta P \delta f = 2K\Delta f^2 - 2C\delta f^2 = 0$$

单边悬架的换算线刚度为

$$K = C\left(\frac{\delta f}{\Delta f}\right)^2 \tag{1-5}$$

由式（1-5）可知，只要求出了 δf 及 Δf 与悬架结构和原簧刚度的关系，各种悬架的 K 值也就确定了。

例如，摆臂内交、臂销平行的双横臂独立悬架的 Δf 和 δf 的结构表达式可以用如下方式来推导（图1-9）。

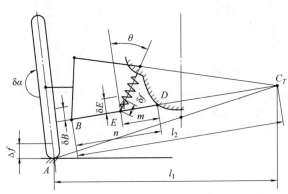

图1-9 摆臂内交、臂销平行的双横臂独立悬架

设车轮相对于车身绕瞬心 C 转过了一个微元角 $\delta\alpha$，那么由图1-9可知，车轮的垂直位移为

$$\Delta f = l_1 \delta\alpha$$

即

$$\delta\alpha = \frac{\Delta f}{l_1}$$

当下臂绕点 D 旋转时，B 点的位移 δB 与 E 点的位移 δE 的关系为

$$\delta E = \frac{m}{n}\delta B$$

又由于 B 点与车轮为一整体，故 C 点也是 B 点的瞬心，所以 $\delta B = l_2 \delta\alpha$。

进而有

$$\delta E = \frac{m}{n} l_2 \delta\alpha = \frac{m l_2}{n l_1} \Delta f$$

弹簧沿轴线方向的变形量为

$$\delta f = \delta E \cos\theta = \frac{m l_2}{n l_1} \Delta f \cos\theta$$

式中　θ——弹簧轴线与下臂垂线间的夹角。

将 δf 带入式（1-5），便得：$k = C\left(\dfrac{m l_2}{n l_1}\cos\theta\right)^2$。

对于整桥，换算刚度 $K_{整桥} = 2K$。

部分悬架的换算线刚度，详见第二章。

三、组合线刚度

组合线刚度 C 是指多簧质量系统中各簧线刚度 C_i 换算到系统悬挂质体质心面处的等效线刚度。当知道了组合线刚度和摆振瞬时中心距后，便可计算确定各簧的变形量及负荷等参数。

组合线刚度的表达式如下：

$$C = \sum_{i=1}^{n} C_i - \frac{\left[\sum_{i=1}^{n} C_i(l - l_i)\right]^2}{\sum_{i=1}^{n} C_i(l - l_i)^2} = \sum_{i=1}^{n} C_i - \frac{\sum_{i=1}^{n}(l - l_i)C_i}{R_0} \tag{1-6}$$

式中　l——质心面至第一簧的距离（mm）；

　　　l_i——各簧至第一簧的距离（mm）；

　　　R_0——摆振瞬时中心距（参见第二章第四节）（mm）。

由式（1-6）可知，组合线刚度一般小于各簧线刚度之和。

知道了组合线刚度 C，就可由式（1-7）求出质心处的静变形（mm）。

$$f = \frac{P}{C} \tag{1-7}$$

已知 C、f 和 R_0 后，便可由式（1-8）~式（1-10）计算各簧静变形 f_i（mm）、偏频 n_i（Hz）和变形力（负荷分配）P_i（N）：

$$f_i = \left(1 - \frac{l - l_i}{R_0}\right) f \tag{1-8}$$

$$n_i = \sqrt{\frac{250}{f_i}} \tag{1-9}$$

$$P_i = \left(1 - \frac{l - l_i}{R_0}\right) \frac{C_i}{C} P \tag{1-10}$$

值得注意的是，假设 P 为整车负荷，l 为整车质心面至第一轴的距离，l_i 为各轴至第一轴的距离，C_i 为各轴的悬架刚度（轮胎和弹簧的组合刚度），则 P_i 便是分配于各车轴的负荷了。

四、中性面

何为中性面？可利用图 1-10 来说明这个问题。若在图 1-10 的左上端施加一个垂直于地面的载荷，右端必然翘起来；反之，若载荷施于右上端，则左端必然翘起来。若载荷沿着簧载质体上面移动，当质体只作平上平下运动之处，便是所求之中性面。因此，多簧质量系统的中性面就具有这个特性，若沿此面作用一个垂直负荷，则系统各簧的变形相等。对于汽车来说，中性面也就是侧倾瞬时中心或纵倾瞬时中心所在的平面。因此，只有知道了中性面的位置，才能确定侧倾瞬时中心和纵倾瞬时中心的位置以及侧倾力矩臂和纵倾力矩臂的大小。这对于研究车身稳定性和平顺性等都是十分重要的。

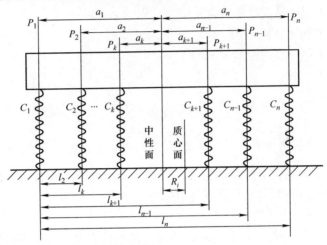

图 1-10 中性面的位置

1）首先确定第一簧至中性面的距离 a_1。

设中性面在 K 和 $K+1$ 个弹簧之间。K 为 $1 \sim (n-1)$ 中的任意整数。假设在中性面处作用一垂直载荷 P 时，各簧的变形力为 P_i。由于系统在中性面处的组合线刚度 C_0 等于各簧线刚度 C_i 之和，即

$$C_0 = \sum_{i=1}^{n} C_i \tag{1-11}$$

再根据此时各簧变形相等的特点，便有

$$\frac{P_i}{C_i} = \frac{P}{\sum_{i=1}^{n} C_i} \tag{1-12}$$

于是各簧变形力为

$$P_i = \frac{C_i}{\sum_{i=1}^{n} C_i} P \tag{1-13}$$

现假设各簧至中性面的距离为 a_i，根据各簧对中性面所取力矩之和为零的关系可得

$$\sum_{i=1}^{n} P_i a_i = 0 \tag{1-14}$$

将式（1-13）代入式（1-14）后便有

$$\sum_{i=1}^{n} C_i a_i = 0 \tag{1-15}$$

在图1-10中，假设各簧至第一簧的距离为l_i，按其几何关系有

$$a_i = a_1 - l_i \tag{1-16}$$

把式（1-16）代入式（1-15）后可解得第一簧至中性面的距离（mm）为

$$a_1 = \frac{\sum_{i=1}^{n} C_i l_i}{\sum_{i=1}^{n} C_i} \tag{1-17}$$

式中 a_1——第一簧至中性面的距离（mm）；

C_i——各簧线刚度（N/mm）；

l_i——各簧至第一簧的距离（mm）。

在$n=2$时有两种情况：

一是在纵向上，即二轴汽车的情况，此时$a_1 = \dfrac{C_2}{C_1+C_2}$；二是在横向上，若左右簧刚度相等，$C_1=C_2=C$，令轮距为$B$，则$a_1 = \dfrac{1}{2}B$。

式（1-17）完全确定了中性面的位置，但对于变刚度簧，车身在外界变负荷作用的过程中，a_1的数值也可能随C_i的变化而发生轻微的变化。

2）再确定任一簧至中性面的距离a_x。

式（1-17）虽已完全确定了中性面的位置，然而这并非一般表达式，在某些情况下，尚需知道各簧至中性面的距离。由图1-10的几何关系可知：

$$a_x = a_1 - l_x \tag{1-18}$$

将式（1-17）代入式（1-18）可解得

$$a_x = \frac{\sum_{i=1}^{n} C_i(l_i - l_x)}{\sum_{i=1}^{n} C_i} \tag{1-19}$$

式中 a_x——任一弹簧至中性面的距离（mm）；

l_x——任一弹簧至第一簧的距离（mm）。

式（1-17）和式（1-19）的物理概念是鲜明的。若将它们的分子分母同乘以各簧的变形f_i，则均可转化为一个力矩平衡式。

式（1-19）的值可正可负，这是中性面位置的方位描述：当计算数值为正时，说明中性面在该（x）簧右侧；当计算数值为负时，说明中性面在该（x）簧左侧。

五、二面距

大家知道，当多簧质量系质体质心受到纵向加速度作用时，质体将绕着一个瞬心（角振动中心）做角位移运动。这个瞬心，就是位于中性面上的倾覆力矩中心。倾覆力矩中心所在平面至质心面的距离，便是所谓的二面距。

假设质心面至第一簧的距离为 l，那么二面距便可由下式表示：

$$R_i = l - a_1 \tag{1-20}$$

式中　R_i——二面距（mm）；
　　　l——质心面至第一簧的距离（mm）；
　　　a_1——中性面至第一簧的距离（mm）。

在式（1-20）中，若 $l = a_1$，则 $R_i = 0$。此时，摆振瞬时中心距（参见第二章）$R_0 \to \infty$。这意味着中性面和悬挂质体质心面重合，各簧变形及振动频率相等。

若 $l > a_1$，则中性面及摆振中心面都在质心面的左侧，变形 $f_1 < f_n$。

若 $l < a_1$，则中性面及摆振中心面都在质心面的右侧，变形 $f_1 > f_n$。

为保证汽车前部转向轮的良好附着，一般希望具有上述特性。若设第一轴和末轴的偏频为 N_1 和 N_n，则建议按下式决定它们的关系：

$$\xi = \frac{N_n}{N_1} = \sqrt{\frac{f_1}{f_n}} \tag{1-21}$$

对于二轴汽车，ξ 可在 1.05～1.10 之间取值。对于多轴汽车，ξ 可在 1.05～1.15 之间取值。

六、角刚度与角刚度比

（一）角刚度

多簧质量系统的角刚度 C_θ，是指该系统在外力矩的作用下所产生的反抗力矩 M 对于角位移 θ 的变化率，即 $C_\theta = \mathrm{d}M/\mathrm{d}\theta$。汽车的角刚度是抵抗车身倾斜的重要因素。研究车身稳定性和车身受力状况时，必须考虑这一因素。

图 1-11 所示是悬挂质体绕力矩中心倾斜的力学模型。我们可借助它来建立多簧质量系统角刚度的计算公式。

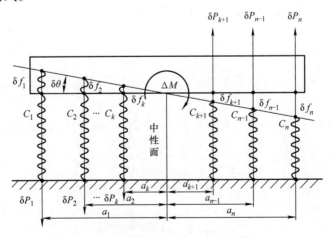

图 1-11　悬挂质体绕纵倾瞬时轴线倾斜

在图 1-11 中，C_i 为各簧的垂直线刚度，a_i 为各簧至中性面的距离。假设悬挂质体在外力矩 ΔM 的作用下，绕中性面上的倾覆力矩中心转过了一个微元角 $\delta\theta$，各簧变形为 δf_i，变形力为 δp_i。此时各簧变形力所提供的反抗力矩 δM 与外力矩 ΔM 构成平衡，即 $\Delta M = \delta M = $

$\sum_{i=1}^{n} C_i \delta f_i a_i$，加之各簧的变形 $\delta f_i = a_i \delta \theta$。故按定义便可得到系统角刚度的表达式：

$$C_\theta = \sum_{i=1}^{n} C_i a_i^2 \qquad (1-22)$$

式中　C_θ——系统角刚度（N·mm/rad）；

C_i——各簧线刚度（N/mm）；

a_i——各簧至中性面的距离（mm）。

当将式（1-19）中的 i 和 x 做适当变换，并代入式（1-22）且经整理后，可以得到多簧质量系统的角刚度与各簧线刚度及其位置参数的一般关系式：

$$C_\theta = \frac{\sum_{i=1}^{n}\sum_{j=1}^{n} C_i C_j (l_i - l_j)^2}{2\sum_{i=1}^{n} C_i} \qquad (1-23)$$

公式分析如下。

根据多轴汽车的实际情况且便于分析，令 $l_n = L$，$l_i = K_i L$，$l_j = K_j L$，于是式（1-23）变为

$$C_\theta = \frac{\sum_{i=1}^{n}\sum_{j=1}^{n} C_i C_j (K_i - K_j)^2 L^2}{2\sum_{i=1}^{n} C_i} \qquad (1-24)$$

由式（1-24）可知，系统角刚度与各簧的线刚度成正比，与两端弹簧距的平方成正比。对于多轴汽车来说，当总轴距 L 确定之后，K_i、K_j 又是如何影响角刚度值的呢？一般说来，当 $K_i(K_j) = \dfrac{C_n}{C_1 + C_n}$ 时，角刚度取得极小值。事实上，当把 $l_i = K_i L = \dfrac{C_n}{C_1 + C_n}$ 代入式（1-23）后，便可得到第 i 簧至中性面的距离 $a_i = 0$。这说明该中间簧的位置与中性面重合，不起抵抗车身倾斜的作用。

例如，当 $n = 3$ 时，角刚度为

$$C_\theta = \frac{C_1 C_2 (l_1 - l_2)^2 + C_1 C_3 (l_1 - l_3)^2 + C_2 C_3 (l_2 - l_3)^2}{C_1 + C_2 + C_3}$$

$$C_\theta = \frac{L^2}{C_1 + C_2 + C_3}[(C_1 C_2 + C_2 C_3) K_2^2 - 2 C_1 C_3 K_2 + (C_1 C_3 + C_2 C_3)] \qquad (1-25)$$

C_θ 对 K_2 的一阶导数为

$$C_\theta' = \frac{2L^2}{C_1 + C_2 + C_3}[(C_1 C_2 + C_2 C_3) K_2 - C_2 C_3]$$

令 $C_\theta' = 0$，可解得 $K_2 = \dfrac{C_3}{C_1 + C_3}$。又由于其二阶导数 $C_\theta'' = \dfrac{2L^2}{C_1 + C_2 + C_3}(C_1 C_2 + C_2 C_3) > 0$，所以 C_θ 在 $K_2 = \dfrac{C_3}{C_1 + C_3}$ 时有极小值。

由此可知，设计独立三轴汽车时，为使纵向角刚度值增大，当各簧线刚度和总轴距确定之后，中轴位置应适当离开此点。因此，此时的中性面位置为

$$a_1 = \frac{C_3}{C_1 + C_3}L$$

若中轴落到了中性面上，则弹簧不起抵抗车身倾斜的作用。

式（1-23）既适合计算汽车的纵向角刚度，也适合计算一个车轴的横向角刚度，当把 C_θ 作为纵向角刚度时，C_i、C_j 代表各轴的组合线刚度。例如，当 $n=2$ 时，若 C_1、C_2 为前后轴的组合线刚度，L 为轴距，则有

$$C_\theta = \frac{C_1 C_2}{C_1 + C_2}L^2 \tag{1-26}$$

当把 C_θ 作为横向角刚度时，n 只能是2，C_i、C_j 即代表左右悬架的换算组合线刚度。由于左右悬架刚度可以认为相等，所以有

$$C_\theta = \frac{1}{2}CB^2 \tag{1-27}$$

式中，B 在相关悬架中是弹簧中心距，在独立悬架中则代表轮距，在横向稳定装置中，应为立柱中心距。

整车横向角刚度应是各轴横向角刚度之和，即

$$C_\theta = \sum_{i=1}^{n} C_{\theta i} \tag{1-28}$$

在外力矩和力矩臂一定的情况下，要想减少车身的倾角，就得加大角刚度。但过分加大角刚度也是有害的。因为角振动的自然振动频率为

$$N_\theta = \left(\frac{C_\theta}{J}\right)^{\frac{1}{2}}$$

若转动惯量 J 一定，则增大 C_θ 值，车身或车轴等的角振动频率就将增大，相关零部件的负荷亦将增大。如果是用提高弹簧线刚度的办法来增大角刚度，还将导致平顺性等整车性能变坏。过大的角刚度，甚至造成转弯时内轮离地和加速轮胎的磨损。

鉴于上述情况，建议汽车角刚度按式（1-29）和式（1-31）取值。

作为整车横向角刚度检验值：

$$C_{\theta T} \geq \left(1 + \frac{j}{\theta g}\right)Pe_s \tag{1-29}$$

式中　j——侧向加速度（g）；
　　　g——重力加速度；
　　　θ——车身侧倾角（rad）；
　　　P——整车悬架负荷（N）；
　　　e_s——侧倾力矩臂（mm）。

若按 $j=0.4g$、$\theta \leq 3.3°$ 计算，则有如下近似关系：

$$C_{\theta T} \geq 8Pe_s \tag{1-30}$$

作为整车纵向角刚度检验值：

$$C_{\theta T} \geq \left[\left(1 + \frac{j}{\theta g}\right)e_1 + R_i\frac{j}{g}\right]P \tag{1-31}$$

式中　j——纵向加速度（g）；
　　　θ——车身纵倾角（rad）；

e_1——倾覆力矩臂（mm）；

R_i——二面距（mm）。

假若忽略二面距的影响，并按 $j=0.4g$、θ 不大于 1.2°计算，便可得到如下近似关系：

$$C_{\theta T} \geq 20e_1 P \tag{1-32}$$

（二）角刚度比

角刚度比是一个说明各车轴间角刚度匹配关系的参数。二轴汽车的角刚度比，就是前后车轴角刚度的比值，即

$$\lambda = C_{\theta 1}/C_{\theta 2}$$

然而，在多轴汽车中，角刚度比的表达式却不那么简单。由于各轴角刚度的匹配关系，角刚度比不仅与汽车的转向特性有关，而且与汽车车身的受力有关。加之多轴汽车轴间关系的复杂性，对于角刚度比只能用不同的定义去研究不同的问题。

1. 角刚度比与转向特性的关系

汽车在侧向加速度的作用下，将引起同一车轴内外车轮的负荷转移。负荷转移量的大小，是与该车轴的角刚度值成正比的。又由于弹性车轮的偏离系数与负荷的关系是一条上凸曲线，所以车轴偏离角的大小也是与该车轴的角刚度值成正比的，如图 1-12 所示。

如果满载时，轮胎的负荷为 $P_满$，相应的偏离系数为 $K_满$，在侧向力 P_y 的作用下，左右车轮负荷将发生变化。设左轮为 $P_左 = P_满 - \Delta P$，则右轮为 $P_右 = P_满 + \Delta P$。由于左右轮负荷变化，故偏离系数也随之变化。$K_左 < K_满$，$K_右 > K_满$，特别是 $\dfrac{K_左 + K_右}{2} < K_满$。这就是说，平均 K 值下降了。

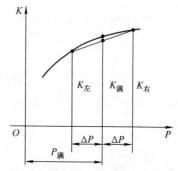

图 1-12　载荷 P 和偏离系数 K 的关系

然而，车轮的偏离角 $\delta = \dfrac{P_y}{K}$，K 值下降，δ 增大，也就是车桥偏离角 $\dfrac{\delta_左 + \delta_右}{2}$ 加大了。

在二轴汽车中，如所讨论车桥是前桥，那就是 δ_1 增加了。而 $\delta_1 > \delta_2$，便是"不足转向"趋势。

当前后桥角刚度比 $\lambda = C_{\theta 1}/C_{\theta 2} > 1$ 时，在侧倾力矩的作用下，分配于前桥的力矩就大，因而左右车轮负荷转移就较后桥大，平均 K 值就比后桥下降得多，偏离角前桥就大于后桥，从而增大了"不足转向"程度。

可见，在二轴汽车中：$\lambda > 1$ 是"不足转向"趋势；

$\lambda = 1$ 是"中性转向"趋势；

$\lambda < 1$ 是"过度转向"趋势。

在多轴汽车的不同车轴上，角刚度不同，在同一侧向加速度的作用下，偏离角也不一样。其中，任意两个不同偏离角的车轴，均可构成一个瞬心，构成一个新的转向趋势。也就是说，任意两轴间的角刚度比，均会给整车的转向特性带来影响。或者加强，或者削弱整车原始转向程度。所有的两两关系，其效果是有的加，有的减，有的严重，有的轻微。这是一个复杂的矛盾统一体，绝非是一个简单的角刚度比所能描绘清楚的。

为了近似度量这一复杂事物，可在忽略轴间距影响的前提下，采用总角刚度比的概念来评价多轴汽车角刚度匹配所造成的转向特性趋势。

所谓总角刚度比，就是各低序号车轴的角刚度分别与各高序号车轴的角刚度，两两相比所得比值的和的均值。

假设车轴总数为 n，那么各低序号车轴角刚度与各高序号车轴角刚度的比值一共有 $\dfrac{n(n-1)}{2}$ 项。所以总角刚度比为

$$\lambda_n = \frac{2}{n(n-1)} \sum_{i=1}^{n-1} \sum_{j=1}^{n-i} \frac{C_{\theta i}}{C_{\theta(i+j)}} \tag{1-33}$$

式中　　n——总轴数；

i、j——轴序号；

λ_n——转向特性总角刚度比；

$C_{\theta i}$、$C_{\theta(i+j)}$——各轴角刚度（N·mm/rad）。

总角刚度比是多轴汽车整车由于轴间角刚度的分配关系所造成的转向特性趋势的综合描述。如果

$\lambda_n > 1$，为"不足转向"趋势；

$\lambda_n = 1$，为"中性转向"趋势；

$\lambda_n < 1$，为"过多转向"趋势。

2. 角刚度比与车身受力的关系（等角侧倾问题）

汽车角刚度的匹配与车身受力有着紧密的关系。从理论上说，我们可以选择这样一个匹配，使车身承受导致损坏的附加力矩；也可选择另外一个匹配，让车身完全不承受附加力矩。

汽车在侧向加速度 j 的作用下，侧倾外力矩 M 在各轴上的分配不一定是相等的，也就是 $M_1 \neq M_2 \neq \cdots \neq M_n$，$P_{y1}e_1 \neq P_{y2}e_2 \neq \cdots \neq P_{yn}e_n$。这不仅是因为悬挂质量在各轴上的分配不一定相等，侧向力 P_{yi} 不等，而且由于各轴悬架机构的不同，悬挂质体质心高度不等，侧倾力矩臂 e_i 也就不一定相等。

同时，汽车在侧向加速度的作用下，各轴的角刚度将提供一个反抗力矩。这个反抗力矩与外力矩构成平衡，即 $C_{\theta i}\theta_i = P_{yi}e_i$。这就是说，车身在各轴处的倾角 $\theta_i = P_{yi}e_i/C_{\theta i}$，由于各轴角刚度等因素不相匹配，$\theta_i$ 值就不一定相等，于是车身将承受一系列的附加力矩。

如果各轴角刚度的匹配能与各轴的悬挂负荷 P_i 以及力矩臂 e_i 的大小相应，那么车身将保持等角侧倾而不承受这些额外的力矩。假设整车悬挂负荷为 P，横向角刚度为 C_θ，侧倾角为 θ，那么 $\theta_i = \theta$，$\dfrac{M_i}{C_{\theta i}} = \dfrac{M}{C_\theta}$，$\dfrac{C_{\theta i}}{C_\theta} = \dfrac{M_i}{M}$。根据外力矩等于侧向力与侧倾力矩臂之积的关系，可得 $M = \dfrac{P}{g}je_s$，$M_i = \dfrac{P_i}{g}je_i$。于是各相关车轴与整车的横向角刚度比为

$$\lambda_i = \frac{C_{\theta i}}{C_\theta} = \frac{P_i e_i}{P e_s} \tag{1-34}$$

当把式（1-10）代入式（1-34）后，便可得到各相关车轴的等角侧倾角刚度比的表达式：

$$\lambda_i = \left(1 - \frac{l - l_i}{R_0}\right)\frac{C_i e_i}{C e_s} \tag{1-35}$$

式中 λ_i——等角侧倾角刚度比；
l_i——相关车轴至质心面的距离（mm）；
C_i——相关车轴的线刚度（N/mm）；
e_i——相关悬架的侧倾力矩臂（mm）；
R_0——摆振中心距（mm）；
C——组合线刚度（N/mm）；
e_s——整车侧倾力矩臂（mm）。

由式（1-35）可知，等角侧倾角刚度比（相对角刚度）是和相对位置 $(l - l_i)/R_0$、相对线刚度 C_i/C 和相对侧倾力矩臂 e_i/e_s 有关的。

注意，各轴等角侧倾角刚度比之和等于1，即 $\sum_{i=1}^{n} \lambda_i = 1$。在分配各轴角刚度时，应尽量按公式 $C_{\theta i} = \lambda_i C_\theta$ 取值。特别是相邻车轴的角刚度值不可相差太多。

等角侧倾角刚度比的取值范围是个较为复杂的问题。现仅以二轴汽车为例做一简单分析，如图1-13所示。

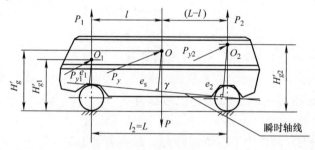

图1-13 二轴汽车侧倾受力

二轴汽车等角侧倾角刚度比为

$$\lambda_1 = \frac{1}{1 + \frac{(l - l_1) e_2}{(l - l_2) e_1}} \tag{1-36}$$

$$\lambda_2 = \frac{1}{1 + \frac{(l - l_2) e_1}{(l - l_1) e_2}} \tag{1-37}$$

由式（1-36）可知，λ_1 的数值完全取决于质心面的位置和力矩臂的大小。

作为质心面：当 $(l - l_2) = 0$ 时，质心落在后轴上，$\lambda_1 = 0$；当 $(l - l_2)$ 等于轴距的一半，即 $(l - l_2) = \frac{L}{2}$ 时，若 $e_1 = e_2$，则 $\lambda_1 = \frac{1}{2}$；当 $(l - l_2)$ 等于轴距，即 $(l - l_2) = L$ 时，质心落在前轴上，此时 $\lambda_1 = 1$。

作为侧倾力矩臂：当 $e_1 = 0$，侧倾轴线通过前悬挂质体质心，$\lambda_1 = 0$；当 $e_1 = e_2$ 且 $l_1 = l_2$ 时，$\lambda_1 = \frac{1}{2}$；当 $e_2 = 0$ 时，侧倾轴线通过后悬挂质体质心，$\lambda_1 = 1$。

特别值得指出的是，前后轴悬架的侧倾力矩中心完全可能设计在侧倾轴线的异侧。这就是说，e_1 或者 e_2 还可取负值。出现这种情况时的 λ_1 值便可远大于 1 了。例如，当 $e_1 = -e_2$ 时，若 $l_1 = l_2$，则 $\lambda_1 \to \infty$。这种情况下的车身，好似一条扁担遭受扭转。

从上述二轴汽车的分析可知，λ_i 值一般以 $\dfrac{1}{n}$ 为中心左右波动，波动范围为 0~1。当力矩臂 e_i 取得负值时，λ_i 值则会大大越出这一范围。

在质心位置和侧倾力矩臂已定的情况下，使附加力矩为零的角刚度比值就已被确定，并可计算出来。反之，不管角刚度比数值有多大，在质心位置已定的情况下，仍可通过调整侧倾力矩臂的大小和方向来使车身不受附加力矩。

总之，匹配角刚度，须把转向特性和车身受力两种因素综合考虑。

【计算示例】

独立三轴汽车，其悬挂负荷 $P = 73500\text{N}$（质心面在一、二轴之间）；各轴弹簧线刚度：$C_1 = 255\text{N/mm}$，$C_2 = 275\text{N/mm}$，$C_3 = 265\text{N/mm}$；各轴至第一轴的距离：$l_1 = 0$，$l_2 = 2400\text{mm}$，$l_3 = 4500\text{mm}$；悬挂质体质心面至第一轴的距离：$l = 2000\text{mm}$；横向簧心距：$B = 1800\text{mm}$。

1）用式（1-6）计算系统组合线刚度，计算结果：$C = 770\text{N/mm}$。

2）用式（1-7）计算悬挂质体质心处的静变形，计算结果：$f = 93\text{mm}$。

3）用式（1-8）计算各簧静变形量，计算结果：$f_1 = 114\text{mm}$，$f_2 = 91.8\text{mm}$，$f_3 = 72.5\text{mm}$。

4）用式（1-9）计算质心面和各轴处的振动频率，计算结果：$n_1 = 88.9$ 次/min，$n_2 = 99$ 次/min，$n_3 = 111.4$ 次/min，质心面处 $n = 97.1$ 次/min。

5）用式（1-13）计算各簧变形力（负荷分配），计算结果：$P_1 = 29051\text{N}$，$P_2 = 25247.6\text{N}$，$P_3 = 19201.3\text{N}$。

6）用式（1-17）计算中性面至第一簧的距离，计算结果：$a_1 = 2330\text{mm}$，与中轴至第一轴的距离 2400mm 相差 70mm，偏离值 $C_3 l_3 / (C_1 + C_3)$ 为 107mm。

7）用式（1-20）计算二面距，计算结果 $R_i = -330\text{mm}$，负值说明中性面在悬挂质体质心面的右侧。

8）用式（1-21）计算末轴与首轴的偏频比，计算结果：$\xi = 1.25$。

9）用式（1-22）或式（1-23）计算整车纵向角刚度，计算结果：$C_\theta = 2633575472\text{N} \cdot \text{mm/rad}$。

10）用式（1-27）计算各轴横向角刚度，计算结果：$C_{\alpha 1} = 413100000\text{N} \cdot \text{mm/rad}$，$C_{\alpha 2} = 445500000\text{N} \cdot \text{mm/rad}$，$C_{\alpha 3} = 429300000\text{N} \cdot \text{mm/rad}$。

11）用式（1-28）计算整车横向角刚度，$C_\alpha = 1287900000\text{N} \cdot \text{mm/rad}$。

12）用式（1-30）计算横向角刚度的检验值，设侧倾力矩臂 $e_s = 1000\text{mm}$，计算结果：$C_{\alpha T} = 588000000\text{N} \cdot \text{mm/rad}$，显然 $C_\alpha > C_{\alpha T}$。

13）用式（1-32）计算纵向角刚度的检验值，设倾覆力矩臂 $e_t = 1500\text{mm}$，计算结果：$C_{\theta T} = 2205000000\text{N} \cdot \text{mm/rad}$，显然 $C_\theta > C_{\theta T}$。

14）用式（1-33）计算转向特性总角刚度比，计算结果：$\lambda_n = 0.976$，此值小于1，故属过多转向趋势。

15）用式（1-34）计算等角侧倾角刚度比，假设各轴侧倾力矩臂均等于1000mm，计算结果：$\lambda_1 = 0.35$，$\lambda_2 = 0.345$，$\lambda_3 = 0.305$。

16）用式 $C'_{\alpha i} = \lambda_i C_\alpha$ 计算各轴等角侧倾角刚度，计算结果：$C_{\alpha 1} = 450765000 \text{N} \cdot \text{mm/rad}$，$C_{\alpha 2} = 444325500 \text{N} \cdot \text{mm/rad}$，$C_{\alpha 3} = 392809500 \text{N} \cdot \text{mm/rad}$。

由第10）条的数值可知，一轴数值偏低，三轴数值偏高，中轴数值居中。假如各轴线刚度不能改变，那就应改变一、三轴的导向机构设计，使一轴的侧倾力矩臂相应缩短，使三轴的侧倾力矩臂相应加大。

第二章

车身运动

本章概括叙述了车身（悬挂质体）运动的范畴，阐明了瞬时中心和瞬时轴线的理念。在此基础上，详细介绍了车身绕车轮（非悬挂质体）的运动和车身绕地面的运动。车身绕地面的运动包括车身的侧倾运动和纵倾运动，也包括车身的摆振运动，现分述如下。

第一节 车身运动的基本理念

汽车整车的运动，是指汽车在动力源的驱动下相对于地面的前后行驶运动或绕行运动。而汽车车身的运动，则指的是下述三种运动：①车身（悬挂质体）相对于车轮（非悬挂质体）的旋转运动；②车身相对于地面的侧倾运动和纵倾运动；③车身相对于地面的摆振运动。

汽车车身的运动不仅直接关系着汽车车身的稳定性，而且还和除整车动力性能以外的其他各大性能密切相关。

汽车车身的运动系和瞬时轴线与瞬时中心的理念密切相关。

在单个悬架中，悬挂质体绕着非悬挂质体做相对运动的轴线叫作悬架瞬时轴线。

整个汽车中，在横向上，悬挂质体在侧向加速度的作用下，绕着地面所做相对运动的轴线叫作侧倾瞬时轴线；在纵向上，悬挂质体在纵向加速度的作用下绕着地面做相对运动的轴线叫作纵倾瞬时轴线；在垂直方向上，悬挂质体在路面冲击载荷的作用下绕着地面做相对运动的轴线叫作摆振瞬时轴线。

所谓瞬时，指的是某一载荷时刻，在悬架和车身运动中，载荷时时刻刻都在发生变化，载荷的变化必然导致悬架导向机构位置的变化，从而导致弹性元件变形量的变化，因此轴线的位置也就发生了变化。我们最为关心的是满载时刻的瞬时轴线。

运动是荷载变化的根据，只有在似动非动的虚位移中，才会产生相对运动的瞬时轴线。

瞬时中心是瞬时轴线上的一个点，轴线上有无穷多个点，值得关心的是那些特定的点。例如悬架瞬时轴线穿过横向平面和纵向平面上的点。穿过横向平面上的点叫作横向平面悬架瞬时中心，穿过纵向平面上的点，叫作纵向平面悬架瞬时中心。

此处所讲的横向（Transverse）平面，是指过车轮着地中心且垂直于 x 轴的 yz 平面（下文简称 T 平面），而纵向（Longitudinal）平面，则是指过车轮着地中心且垂直于 y 轴的 xz 平面（下文简称 L 平面）。

研究瞬时中心和瞬时轴线的目的，是为了合理地匹配悬架，统一车身运动的矛盾，使汽车获得良好的平顺性、安全性和稳定性等性能。

第二节　车身绕车轮的运动

汽车车身绕车轮的运动，也就是悬挂质体绕非悬挂质体所做的相对运动。车身绕车轮运动的知识是研究车身绕地面运动的基础。在本节中，将确定部分典型悬架的悬架瞬时中心和瞬时轴线，进而确定其车身绕地面倾斜的侧倾瞬时中心和轴线。在此基础上，还将导出部分悬架的换算线刚度和角刚度。

此处所指的部分悬架是单横臂独立悬架、单纵臂悬架、麦弗逊悬架、半拖臂悬架、双横臂悬架、钢板弹簧悬架。下面分别研究。

一、单横臂独立悬架

在独立悬架中，单横臂是使用最早的，它是启蒙性质的悬架，结构简单，铰点少，占用空间小，悬架瞬时中心和侧倾瞬时中心的位置都较高，具有优良的抗侧倾能力，参见图 2-1。然而，单横臂悬架结构稍欠稳定，且当车轮跳动时，主销内倾角和车轮外倾角变化都较大，轮距变化也较大。因此，往往选作后悬架，不大适合作为前悬架，参见图 2-1 和图 2-2。

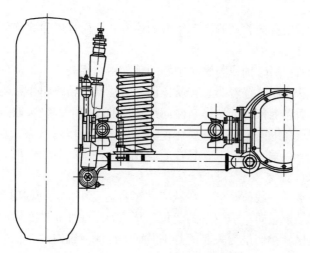

图 2-1　水平单横臂独立悬架

在图 2-2 中，点 C_T 就是满载时刻车身相对于车轮运动的悬架瞬时中心，它是悬架瞬时轴线垂直穿过 T 平面的点；悬架瞬时轴线则是满载时刻垂直穿过点 C_T 而又平行于 L 平面的直线。

图 2-2 中的点 O，是满载时刻车身相对于地面运动的侧倾瞬时中心，也是车身侧倾运动瞬时调和轴线（参见本章第三节）穿过 T 平面的点。

现推求该独立悬架换算线刚度的表达式。所谓换算线刚度 K，就是把实际弹簧的刚度 C 换算为车轮处的等价刚度。

假设车轮绕悬架瞬时中心 C_T 转过一个微元角 $\delta\theta$，那么实弹簧的变形为 $\delta f = m\delta\theta$，而车

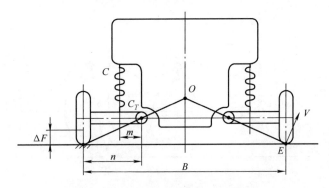

图 2-2 单横臂独立悬架在 T 平面的运动

轮着地处的位移 $\Delta F = n\delta\theta$。利用式（1-5），便可求得单边悬架的换算线刚度：

$$K = C\left(\frac{m}{n}\right)^2 \tag{2-1}$$

横向角刚度为

$$C_\theta = \frac{1}{2}KB^2 = \frac{1}{2}C\left(\frac{m}{n}B\right)^2 \tag{2-2}$$

二、单纵臂悬架

（一）基本参数

单纵臂悬架也是一种导向机构最为简单的典型的具有启蒙性质的悬架，它铰点少，占用空间小，便于布置行李舱。轮距、前束和车轮外倾角均不随车轮的跳动变化。悬架瞬时中心较高，具有良好的抗纵倾能力，参见图 2-3 和图 2-4。然而，这种悬架的结构尚欠稳定，且易形成过多转向趋势。特别是当车轮跳动时，其车轮后倾角较大，且轴距变化也较大，因此，它仅适合作为后悬架。值得注意的是，摆臂的长度不可太短。

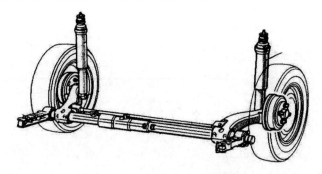

图 2-3 水平单纵臂独立悬架

在图 2-4 中，点 C_L 就是满载时刻车身相对于车轮运动的瞬时悬架中心，它是瞬时悬架轴线垂直穿过 L 平面的点。瞬时悬架轴线则是满载时刻垂直穿过点 C_L 而又平行于 T 平面的直线。

至于车身绕地面运动的纵倾瞬时中心和瞬时轴线，则应由各悬架导向杆系约束反力的总合力与中性面的支点来确定（参见本章第三节）。

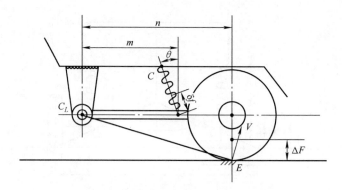

图 2-4 单纵臂悬架在 L 平面的运动

现推求该悬架换算线刚度的表达式:根据图 2-4 所示的关系,假设车身在外力作用下绕悬架瞬时中心 C_L 转过了一个微元角 $\delta\alpha$,那么,实际弹簧的变形 $\delta f = m\delta\alpha\cos\theta$,而车轮着地点 E 处的垂直位移 $\Delta F = n\delta\alpha$。当已知实际弹簧的刚度 C 之后,便可利用换算刚度式 (1-5) 求得单边悬架换算线刚度:

$$K = C\left(\frac{\delta f}{\delta F}\right)^2 = C\left(\frac{m}{n}\cos\theta\right)^2 \tag{2-3}$$

假设轮距为 B,则该悬架的横向角刚度为

$$C_\theta = \frac{1}{2}C\left(B\frac{m}{n}\cos\theta\right)^2 \tag{2-4}$$

(二) 转向特性

汽车悬架无论是独立的还是相关的,其导向机构都可通过找悬架瞬时中心的方法简化为一个单纵臂悬架。因此,当车身侧倾运动时,都必然带来车轮或车辆的偏离转向,影响转向的特性。图 2-5 所示是单纵臂悬架如何影响转向特性的最好说明。

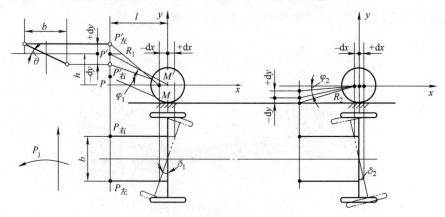

图 2-5 单纵臂悬架的轴转向

在图 2-5 中,在满载状态下,悬架上两根纵向推杆一端点 P' 连到车身上,另一端点 M' 连到车轴上。当汽车向左转弯,车身向右侧倾时,右外侧推杆在车身上的点下移至点 $P'_{右}$,迫使车轴上杆端点后移;然而,左内侧推杆在车身上的点上移至点 $P'_{左}$,带动车轴上的杆端点前移。这就使前轴顺时针地转过了一个角度 δ_1。同理,后轴反时针地转过了一个角度

$-\delta_2$。由于前后轴偏离角差 $\Delta = \delta_1 - (-\delta_2) = \delta_1 + \delta_2$,显然这是增强了不足转向趋势。

纵向推杆在车身上的点,是在轴前还是在轴后,是高还是低,这些都将影响转向的性质和程度。

下面建立轴偏角的计算方法。

假设车身侧倾角为 θ,由图 2-5 的关系可得

$$\tan\theta = \frac{2\mathrm{d}y}{b},\quad \tan\delta = \frac{2\mathrm{d}x}{b},\text{ 进而得}$$

$$\frac{\tan\delta}{\tan\theta} = \frac{\mathrm{d}x}{\mathrm{d}y}$$

由图 2-5 的关系还可得到:

$(h - \mathrm{d}y)^2 + (l + \mathrm{d}x)^2 = h^2 + l^2$,当 $\mathrm{d}x$、$\mathrm{d}y$ 较小时,

$$\frac{\mathrm{d}x}{\mathrm{d}y} = \frac{h}{l},\text{ 而 } \frac{h}{l} = \tan\varphi,\text{ 所以 } \tan\varphi = \frac{\mathrm{d}x}{\mathrm{d}y}。$$

由此,便可得到轴偏角 δ 与车身侧倾角 θ 和悬架推杆角 φ 三者的关系式:

$$\tan\delta = \tan\theta \tan\varphi \tag{2-5}$$

为便于记忆,我们把式(2-5)叫作三正切公式。由于车轴偏离角和车身侧倾角一般都不大于 5°,故在工程上,式(2-5)可简化为

$$\delta = \theta \tan\varphi \tag{2-6}$$

式中 δ——车轴偏离角(rad);

θ——车身侧倾角(rad);

φ——悬架推杆角(°)。

式(2-6)是具有普遍意义的,它可以适用于各种悬架。问题就在于如何定义推杆角和如何确定各种悬架的推杆角。所谓悬架推杆角,一般是指过车轮着地中心(或者是车桥中心)点的约束反力合力作用线与地平面的夹角,也就是车轮着地中心点 E 与悬架瞬时中心 C 的连线与地平面的夹角。所谓"推杆"就是指 C(P')、E(M')两点之间的连线。

悬架推杆角可出现在不同的象限,前后悬架不同象限的悬架推杆角将匹配出不同的转向特性趋势。

悬架推杆角不仅影响车辆的转向特性,而且还影响纵倾力矩臂的大小,影响车身稳定性,此外,推杆角的大小和相位,还关系着传递地面冲击的程度,关系着方向盘的摆振和行驶方向的安定,关系着前轮定位参数和传动角度,关系着制动时车桥和弹簧受力的大小等。正因如此,在悬架设计时,推杆角的确定应综合考虑各种因素。

三、麦弗逊悬架

(一)基本情况

麦弗逊悬架(Mepherson Strut Suspension)也叫烛式悬架,从导向机构看它也是单臂悬架。不过也可以理解它是从双臂悬架演变为单臂悬架的。如果把双横臂悬架的上臂取消,也就是让其上臂的长度缩小为零,便成了麦弗逊悬架。这种变化也是为了满足客观的需要,因为作为微型和轻型轿车,双臂悬架结构较为复杂,铰点太多,有简化的必要。

事实上,麦弗逊悬架有其独特的优点:一是它可将导向机构与减振器合二为一,减轻了

重量，降低了成本，节省了空间，有利于发动机的布置；二是铰点少，上下铰点距离大，弹簧行程大。下铰点与车轮接地中心较近，受力合理，轮距和定位参数变化较小，轮胎磨损少，行驶稳定性好等。

然而，麦弗逊悬架也有其自身的弊端，如自由度少、可设计性差、易于传递地面冲击等。特别是减振器活塞与缸筒之间总存在一个附加的压力，致使活塞杆与导向座之间存在一个极为有害的摩擦力。这个摩擦力还使悬架的库仑摩擦较重，破坏了悬架的刚度特性，参见图2-6～图2-8。下面研究其有关参数和受力分析。

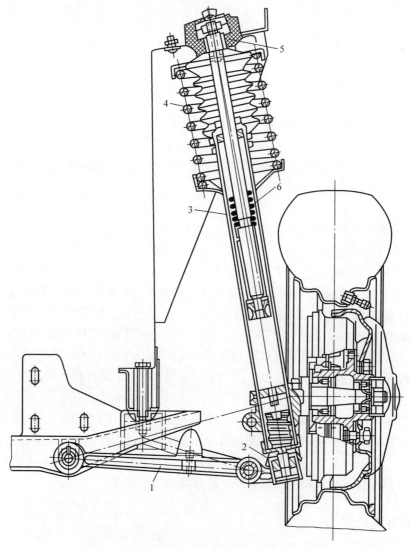

图2-6 典型麦弗逊独立悬架

1—横向摆臂 2—球形支承 3—减振器外筒 4—弹簧 5—上支承轴承 6—反跳缓冲弹簧

(二) 瞬时中心和瞬时轴线

由第一章的基础理论知识可知，图2-8中的点C_T是悬架满载时刻在T平面上的瞬时悬架中心，而点C_L是在L平面上的瞬时悬架中心。在三维空间中，这两点的连线便是悬架瞬

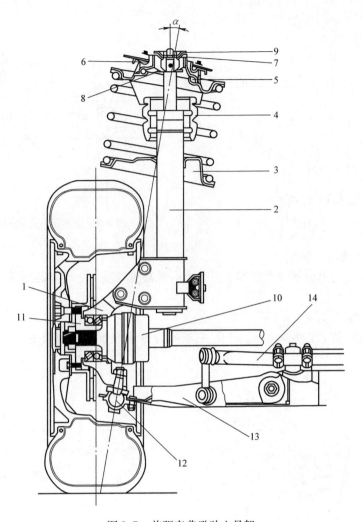

图 2-7 前驱麦弗逊独立悬架

1—转向节 2—减振器 3—弹簧下支座 4—辅助弹簧及限位块 5—轴承 6—橡胶支座
7—缓冲块 8、9—限位块 10—等速万向节 11—轮毂 12—下球铰 13—下控制臂 14—横向稳定杆

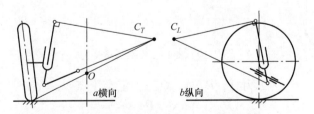

图 2-8 麦弗逊悬架的瞬时悬架中心和瞬时侧倾中心

时轴线。图 2-8 中的点 O,则是车身绕地面旋转的瞬时侧倾中心。

(三) 换算线刚度和角刚度

麦弗逊悬架系独立悬架,故弹簧刚度 C 须换算为车轮处的等价刚度 K。根据图 2-9 的关系,假设车轮绕悬架瞬时中心 C_T 转过一个微元角 $\delta\alpha$,那么车轮着地点 E 的垂直位移是 $\Delta f = x\delta\alpha$,而 x 可由几何关系求得,亦即

$$x = Bn/2l$$

螺簧的轴向位移为

$$\delta f = m\delta\alpha$$

由虚位移原理可知，车轮处的换算线刚度为

$$K = C(\delta f/\Delta f)^2$$

于是有

$$K = 4C\left(\frac{lm}{Bn}\right)^2 \tag{2-7}$$

因此，悬架的横向角刚度为

$$C_\alpha = 2C\left(\frac{ml}{n}\right)^2 \tag{2-8}$$

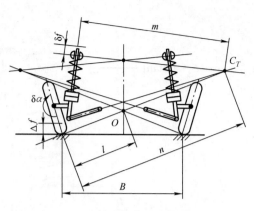

图 2-9 麦弗逊悬架线刚度的换算

（四）受力分析

麦弗逊悬架的受力分析仅考虑如下三个力：螺旋弹簧受力、活塞附加压力、导向座处的正压力。

（1）螺旋弹簧受力 F_s

在已知车轮载荷 P 以及 A_u、A_d 和 D_d 三点坐标的情况下，可利用图 2-10 所示的关系求取弹簧受力 F_s。

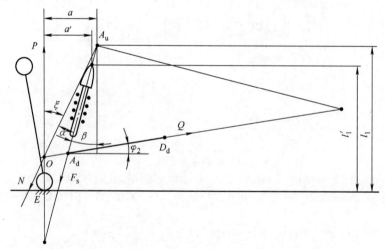

图 2-10 麦弗逊悬架弹簧受力

在图 2-10 中，A_dD_d 为二力杆，P、N、Q 三力汇交于点 O，故有

$$N\sin\xi = Q\cos\varphi_2$$
$$P = N\cos\xi - Q\sin\varphi_2$$

所以有

$$N = \cos\varphi_2 P/\cos(\xi+\varphi_2)$$
$$F_s = N\cos\alpha$$

即弹簧受力为

$$F_s = \frac{\cos\varphi_2\cos\alpha}{\cos(\xi+\varphi_2)}P \tag{2-9}$$

式中 $\xi = \arctan\left(\dfrac{|y_{Au} - y_E|}{|Z_{Au} - Z_{Dd}| + |y_{Dd} - y_E|\tan\varphi_2}\right)$

$\alpha = \xi - \arctan\left(\dfrac{|y_{Ad} - y_{Au}|}{|Z_{Au} - Z_{Ad}|}\right)$

$\varphi_2 = \arctan\left(\dfrac{|Z_{Dd} - Z_{Ad}|}{|y_{AD} - y_{Dd}|}\right)$

(2) 活塞附加压力 F_P

在已知悬架载荷 P 的情况下，利用图 2-11 的关系，当各力对点 D 取矩时，便可求得摆臂的轴向力为

$$F_{Gy} = Q = aP/c$$

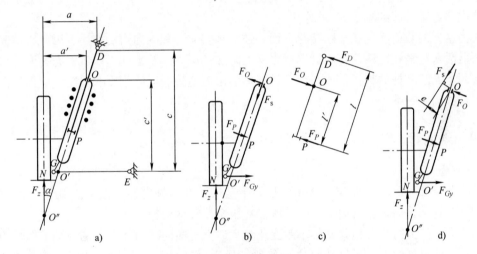

图 2-11 麦弗逊悬架的附加压力

在图 2-11b 中，各力对点 O 取矩可得如下方程：

$$F_{Gy}c' + F_P l' = Pa'$$

将 F_{Gy} 代入上式，便可解得活塞对缸筒的附加压力 $F_P(\text{N})$ 为

$$F_P = \dfrac{a}{l'}\left(\dfrac{a'}{a} - \dfrac{l_1'}{l_1}\right)P \tag{2-10}$$

由图可知，$\dfrac{a'}{a} - \dfrac{l_1'}{l_1} = \left(\dfrac{\overline{O''O}}{\overline{O''D}} - \dfrac{\overline{O'O}}{\overline{O'D}}\right) > 0$，因而活塞与缸筒之间，总是存在一个正压力 F_P，但由于有减振器液体的润滑，故其危害尚不如导向座与活塞杆之间的附加正压力 F_0 大。

(3) 导向座与活塞杆间的压力 F_0

由图 2-11c 可知

$$F_0 = \dfrac{l}{l - l'}F_P = \dfrac{l}{l - l'}\dfrac{l}{l'}\left(\dfrac{a'}{a} - \dfrac{c'}{c}\right)aP$$

若令 $l'/l = i$，则导向座与活塞杆之间的正压力 $F_0(\text{N})$ 为

$$F_0 = \dfrac{1}{i(1-i)}\left(\dfrac{a'}{a} - \dfrac{c'}{c}\right)Pa \tag{2-11}$$

减少 F_0 的措施如下：

① 较小尺寸 a，即让减振器尽量靠近车轮，使车轮上支点 D 尽量外移。

② 减少（$a'/a - c'/c$）的值，下控制臂的铰点 G 越靠近车轮，并越接近地面，这一值就越小，但由于轮辋和制动器的影响，该数值不可能降到零，即 O' 和 O'' 两点无法完全重合。

③ 增大 l，这受到了车身前部高度的限制。若是前驱动轿车的前悬架，则不需考虑为摆动半轴留出充足的空间。

④ 选取最佳的 i 值，从理论上说，$i = 0.5$ 时，F_0 取得最小值。但是 l' 取值还要兼顾悬架的动行程是否足够，并且对于不同的载荷状态，悬架的静平衡位置也不一样，因此，要综合考虑后再确定 l' 的长度。

⑤ 使弹簧的下支座向外偏移，这样弹簧对缸筒的作用力与减振器中心线不重合，而是有一个偏移距 e，如图 2-11d 所示。这样弹簧作用力 F_s 对 O 点的力矩 $F_s e$ 可以部分抵消联合作用造成的力矩，起到减小 F_0 的作用。

因为悬架的载荷状况在不断变化，而且还受到侧向力和纵向力的作用，因此无法完全消除减振器活塞与缸筒、活塞杆与导向座之间的附加正压力以及由此而产生的有害摩擦力。为此，必须增大活塞杆的直径，或采用双筒减振器以提高减振器的刚度和强度，确保导向准确并且有足够的疲劳寿命。

四、半拖臂悬架

（一）概述

半拖臂悬架（Semi - Trailing Arm）是介于全摆轴和全拖臂悬架之间且偏于横向效益的调和设计。它结构简单，占用空间小，既能克服全摆轴悬架轮距变化量大，抵抗纵向载荷能力低的弱点，又能防止全拖臂悬架轴距变化量大，抵抗横向载荷能力差的弊端。枢轴角的设计具有很大的灵活性。由于轴距远大于轮距，所以横向悬架中心的 Y 坐标一般取在 0.5 ~ 1.0 个轮距之间。半拖臂悬架特别适用于轻型货车以及轻型越野车的后悬架，参见图 2-12 和图 2-13。

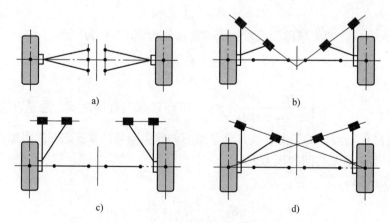

图 2-12 四种悬架的比较
a) 全摆轴悬架 b) 对角摆轴悬架 c) 全拖臂悬架 d) 半拖臂悬架

下面具体研究导向机构的相关参数、线刚度与角刚度以及设计中的注意事项。

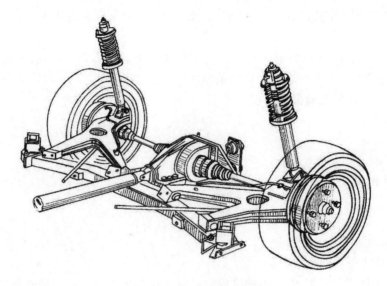

图 2-13 半拖臂独立悬架

(二) 相关参数

相关参数包括瞬时悬架中心、瞬时侧倾中心、枢轴偏角、摆臂仰角以及弹簧受力等问题,参见图 2-14。

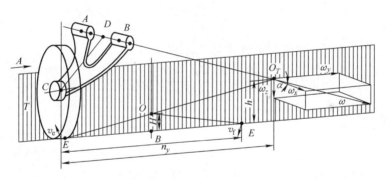

图 2-14 半拖臂悬架的瞬时悬架中心、瞬时侧倾中心和枢轴偏角

1. 瞬时悬架中心

所谓瞬时悬架中心,就是车身在满载状态下,相对于车轮在 T 平面(yz)内和 L 平面(xz)内的运动瞬心,也包括摆臂端点 D。

(1) T 平面内的瞬时悬架中心

如图 2-14 所示,假设 T 平面、地平面和车身中心面的交点为坐标原点,其中 T 平面是过左右车轮着地中心 E、E 两点且垂直于地平面的平面。图中点 O_T 就是悬架在 T 平面上的瞬时悬架中心。它是摆臂枢轴线(悬架轴线)在满载状态下,与 T 平面的交点。确定了点 O_T 的位置,就等于确定了瞬时侧倾力矩中心点 O。

之所以认定点 O_T 是瞬时悬架中心,是因为点 O_T 是摆臂枢轴线与 T 平面的交点,而摆臂枢轴线与摆臂相对于车身运动的角速度矢量 ω 的方向一致,如果在点 O_T 将 ω 按 x、y、z 三个坐标轴分解为 ω_x、ω_y、ω_z 三个分量,那么只有 ω_x 垂直于 T 平面。也就是说,点 O_T 相对于

车身由 ω_x 引起的速度分量 v_e 处于 T 平面内,故点 O_T 就是车身相对于车轮运动的瞬时悬架中心。

为确定悬架中心点 O_T 的位置,只需确定点 O_T 的离地高度 h 和至车轮中心线的水平距离 n_y 即可。令枢轴线上 A、B 两点的坐标分别为 X_A、Y_A、Z_A 和 X_B、Y_B、Z_B,那么由图 2-14 的 A 向视图(xz 平面)的几何关系可得

$$h = Z_A - \frac{|X_A|}{|X_A - X_B|}(Z_A - Z_B) \tag{2-12}$$

h 若得负值,说明点 O_T 钻入地下。

由图 2-14 的端视图(yz 平面)的几何关系可得

$$n_y = \frac{B}{2} - |Y_A| + \frac{|Y_A - Y_B|}{|X_A - X_B|}|X_A| \tag{2-13}$$

式中　B——轮距。

(2)L 平面内的瞬时悬架中心

由确定 T 平面内的悬架中心 O_T 的过程,可以想象 L 平面(xz)的瞬时悬架中心 O_L,应该是在满载状态下摆臂枢轴线与 L 平面的交点。L 平面是过点 E 沿 x 轴轴线方向且垂直于地平面的平面。

要确定点 O_L 的位置,只需确定该点的 x 坐标 n_x 和 z 坐标 n_z 即可。由图 2-14 的顶视图(xy 平面)的关系可得

$$n_x = \frac{|X_A - X_B|}{|Y_A - Y_B|} n_y \tag{2-14}$$

由图 2-13 侧视图(xz 平面)的几何关系可得

$$Z = h + \frac{(Z_A - Z_B)}{|X_A - X_B|} n_x \tag{2-15}$$

2. 瞬时侧倾中心

侧倾中心 O 就是在满载状态下,左右悬架或者地平面相对于车身的运动瞬心。在车身质心面与横向中性面重合的情况下,侧倾中心就是在 T 平面内,车轮着地中心 E 和悬架中心 O_T 的连线与车身中心线的交点。因此,点 O 的 z 坐标为

$$H = \frac{Bh}{2n} \tag{2-16}$$

3. 枢轴偏角

摆臂枢轴线的空间角度是半拖臂悬架的重要参数。它不仅影响悬架的刚度,而且还决定着整车的车身稳定性和操纵稳定性。枢轴线的空间角度是由枢轴线与 X、Y、Z 三个坐标轴线的夹角 α、β 和 γ 构成的。α、β 和 γ 分别称为 X、Y、Z 三个方向的枢轴偏角。为计算刚度,此处仅列出 α(图 2-14 中角速度矢量 ω 与其分量 ω_x 之间的夹角)和 β(ω 与 ω_y 之间的夹角)的计算式:

$$\alpha = \arctan\left[\frac{\sqrt{(Y_A - Y_B)^2 + (Z_A - Z_B)^2}}{|X_A - X_B|}\right] \tag{2-17}$$

$$\beta = \arctan\left[\frac{\sqrt{(X_A - X_B)^2 + (Z_A - Z_B)^2}}{|Y_A - Y_B|}\right] \tag{2-18}$$

4. 摆臂仰角

摆臂仰角系摆臂 CD 相对于地平面的夹角，也就是图 2-15 中的 θ 角。要确定 θ 角，必须先确定摆臂端点 D 的 Z 坐标 Z_D，点 D 是过轮心点 C 引枢轴线 AB 的垂线的垂足，如图 2-15 所示。

由于已知 A、B、C 三点的三维坐标，利用空间三角形 $\triangle ABC$ 的几何关系，可以求得 $\triangle ABC$ 垂足 D（摆臂端点）的 Z 坐标为

$$Z_D = Z_A - \frac{(Z_A - Z_B) b \cos \angle A}{c} \quad (2\text{-}19)$$

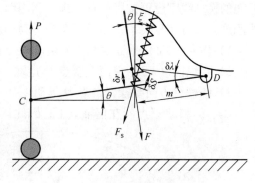

图 2-15　半拖臂悬架的摆臂仰角

式中，$\angle A$ 是空间 $\triangle ABC$ 的顶角，$\angle A = \arccos\left(\dfrac{b^2 + c^2 - a^2}{2bc}\right)$，$a$、$b$、$c$ 为空间 $\triangle ABC$ 的边长，其中：

$$a = \sqrt{(X_B - X_C) + (Y_B - Y_C)^2 + (Z_B - Z_C)^2}$$
$$b = \sqrt{(X_C - X_A) + (Y_C - Y_A)^2 + (Z_C - Z_A)^2}$$
$$c = \sqrt{(X_A - X_B) + (Y_A - Y_B)^2 + (Z_A - Z_B)^2}$$

摆臂空间长度为

$$|CD| = b \sin \angle A \quad (2\text{-}20)$$

因此，由图 2-15 关系可得摆臂仰角为

$$\theta = \arcsin\left(\frac{Z_D - Z_C}{b \sin \angle A}\right) \quad (2\text{-}21)$$

摆臂的空间长度 $\overline{CD}$ 在 XY 平面的投影长度，也就是杠杆 n 的长度为

$$n = |CD| \cos \theta$$

5. 弹簧受力

在已知车轮载荷 P 的情况下，可先求垂直于摆臂 $\overline{CD}$ 的力 F，然后再求弹簧力 F_s。根据图 2-15 的关系有

$$|CD| \cos \theta P = Fm \cos \theta$$

所以

$$F = \frac{|CD|}{m} P$$

由此可得弹簧受力为

$$F_s = F \cos(\xi + \theta)$$

即

$$F_s = \frac{|CD|}{m} P \cos(\xi + \theta) \quad (2\text{-}22)$$

式中　ξ——螺旋弹簧轴线与垂直平面的夹角。

（三）线刚度与角刚度

1. 线刚度

独立悬架的换算线刚度 K 是指换算到车轮处的与实际弹簧刚度 C 等效的刚度。半拖臂

悬架的换算线刚度可按虚位移原理，利用图 2-14 ~ 图 2-16 的关系通过如下过程导出。换算线刚度公式可按悬架系统相对于车身运动的悬架中心的位置关系，从如下三个方面推导：

1）横向（YZ）平面上绕点 C_T 运动。
2）在纵向（XZ）平面上绕点 C_L 运动。
3）顺摆臂方向绕摆臂端点 D 运动。

C_T、C_L 和 D 三点同在枢轴线上，因此运动是统一的。现分别进行推导。

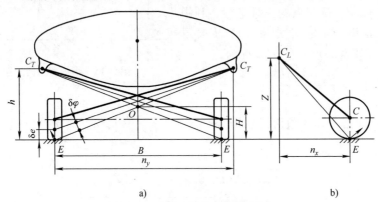

图 2-16 半拖臂悬架的等效单臂
a）横向 b）纵向
C_L—纵向平面（XZ）的悬架中心

（1）在 YZ 平面上绕点 C_T 运动

当左悬架系统在 YZ 平面内绕悬架中心 C_T 转过微元角 $\delta\varphi$ 时，摆臂绕枢轴线转过微元角 $\delta\lambda$。此时车轮接地中心点 E 的垂直位移为

$$\delta e = n_y \delta\varphi \tag{2-23}$$

螺旋弹簧下支点沿拖臂法线方向的位移为

$$\delta r = m\delta\lambda \tag{2-24}$$

式中 m——过螺旋弹簧下支点并垂直于拖臂的垂足至点 D 的实际长度。

螺旋弹簧下支点沿轴线方向的位移是

$$\delta S = \delta r \cos(\theta \pm \xi) \tag{2-25}$$

绕摆臂枢轴线旋转的角位移 $\delta\lambda$ 与绕 X 轴线旋转的角位移 $\delta\varphi$ 之间存在如下关系：

$$\delta\varphi = \delta\lambda \cos\alpha \tag{2-26}$$

把式（2-24）和式（2-26）代入式（2-25）后可得

$$\delta S = \frac{m\delta\varphi \cos(\theta \pm \xi)}{\cos\alpha} \tag{2-27}$$

假如悬架是常定的理想约束系统，该系统在主动力系的作用下，其平衡的充要条件是虚位移所生之元功和为零。由此可得单边悬架的换算线刚度为

$$K = C\left(\frac{\delta S}{\delta e}\right)^2 \tag{2-28}$$

将式（2-23）和式（2-27）代入式（2-28）后，便可最终得到半拖臂悬架的换算线刚度为

$$K = C\left[\frac{m\cos(\theta \pm \xi)}{n_y \cos\alpha}\right]^2 \tag{2-29}$$

假如螺旋弹簧垂直于地面安装，那么 $\xi = 0°$；假如螺旋弹簧垂直于摆臂安装，那么 $(\theta + \xi) = 0°$。

（2）在 XZ 平面上绕点 C_L 运动

按上述推理，可以导出悬架换算线刚度的计算公式为

$$K = C\left(\frac{m\cos(\theta \pm \xi)}{n_x\cos\beta}\right)^2 \qquad (2\text{-}30)$$

（3）顺摆臂方向绕摆臂端点 D 运动

经简单推导，就可得到换算线刚度的计算公式为

$$K = C\left(\frac{m\cos(\theta \pm \xi)}{n}\right)^2 \qquad (2\text{-}31)$$

式（2-29）~式（2-31）的计算结果完全一样。

2. 角刚度

一个弹簧质量系统的角刚度，系指该系统在外力矩的作用下所生之反抗力矩对于角位移的变化率。此处所研究的是左、右悬架系统抵抗车身横向位移的横向角刚度。在已知轮距 B 和线刚度 C 的情况下，左、右悬架系统提供的横向角刚度为

$$C_\alpha = \frac{C}{2}\left(\frac{m\cos(\theta \pm \xi)}{n_y\cos\alpha}B\right)^2 \qquad (2\text{-}32)$$

（四）设计要点

1. 枢轴角的选定

枢轴角是半拖臂悬架的重要参数，选好枢轴角是保证悬架性能的关键所在。

枢轴角一方面在横向上决定着轮距的变化量，决定着横向瞬时悬架中心和瞬时侧倾中心的位置；另一方面在纵向上决定着轴距的变化量，决定着纵向瞬时悬架中心和瞬时纵倾中心的位置。正因为如此，枢轴角在纵、横两个方向上必是一对矛盾。例如悬架中心，横向上离车轮远了，纵向上就近；横向上低了，纵向上就高。

半拖臂的枢轴角是全拖臂（90°）和全摆轴（0°）的一个折中，但它又不是对角摆轴（45°），而是偏于强调横向效益的一个调和设计。由于汽车轴距远大于轮距，这种设计便可使轮距和轴距的变化相对合理。

枢轴角是由摆臂上的 A、B 两点的三维坐标所决定的，特别是 X 坐标和 Z 坐标影响较大。

（1）对于 X 坐标

1）$X_A < X_B$，此时，点 C_T 在车轮左侧，其远近取决于 X_A 和 X_B 的差值，但此种情况是不可取的。

2）$X_A = X_B$，此时，点 O_T 在无穷远处，这就是典型的全拖臂悬架，当然也是不可取的。

3）$X_A > X_B$，此时，点 C_T 在车轮的右侧，其远近亦取决于 X_A 和 X_B 的差值。特别值得注意的是，点 C_T 过远，n_y 值过大，m/n_y 值就过小，由式（2-29）可知，换算刚度 K 就将变得很低。那么，点 C_T 的合理位置应在哪里呢？一般说来，点 C_T 离左侧车轮的距离 n_y 与轮距 B 的关系应为

$$n_y = (1 \sim 1.5)B \qquad (2\text{-}33)$$

(2) 对于 Z 坐标

1) $Z_A < Z_B$，此时，点 C_T 的 Z 坐标较大，甚至抬得很高，从而使瞬时侧倾中心 O 较高，乃至超过悬挂质体质心的高度，使侧倾力矩臂为负值，车身在侧向加速度的作用下承受负力矩。

2) $Z_A = Z_B$，此时，点 C_T 的 Z 坐标 $h = Z_A = Z_B$。在此种情况下，若轮心 C 的坐标 $Z_C = Z_A = Z_B$，则拖臂保持水平，有利于螺旋弹簧和减振器的安装。

3) $Z_A > Z_B$，此时点 C_T 的 Z 坐标较小，甚至钻入地下，进而使瞬时侧倾中心 O 较低或钻入地下，侧倾力矩臂过大，车身承受过大的侧倾力矩。

总之，设计应根据需要而定。在没有特殊需要的情况下，一般应使 $Z_A > Z_B$，$X_A > X_B$，且不应使点 O 钻入地下。

2. 摆臂结构参数的选定

摆臂结构参数指的是摆臂的长短、摆臂的开度以及螺旋弹簧及减振器的位置等。

(1) 摆臂长短

在布置空间允许的情况下，摆臂的长度 L 是越长越好。因为在大位移的情况下，长摆臂不仅可使轮距和轴距的改变量减小，而且还可使摆臂轴承总载荷减小。假设作用于车轮的冲击载荷为 Q，螺旋弹簧至轮心的距离为 Δ，那么轴承总载荷可粗略表示为

$$F = \left(\frac{\Delta}{L - \Delta}\right) Q \tag{2-34}$$

(2) 摆臂开度

摆臂开度指的是摆臂两轴承中心 A、B 两点间的距离。在布置空间允许的情况下，开度是越大越好。因为摆臂承受转矩时，大的开度可减少轴承载荷。同理，单个轴承座的长度也应尽可能加长。

(3) 螺旋弹簧及减振器的位置

螺旋弹簧及减振器应尽可能同轴安装，这样既可简化结构，节约空间，且使摆臂受力合理。此外，螺旋弹簧和减振器还应尽可能靠近车轮安装，以减轻摆臂枢轴轴承的载荷，参见式 (2-34)。螺旋弹簧下支点与轮心的连线应尽可能居于轴承中心 A、B 两点连线的中部，以使两轴承受力合理。

五、双横臂悬架

(一) 概述

双横臂悬架（Double Wishbone）是使用最为广泛且可设计性极强的典型悬架。

双臂悬架一般可作为轻型货车的前悬架，以及轿车和轻型越野车的前、后悬架。当双臂悬架用作越野车驱动桥且采用螺旋弹簧时，传动轴在空间上就和螺旋弹簧产生了矛盾。为解决这一矛盾，设计者就把螺旋弹簧偏置于下摆臂的前方，例如"悍马"等车，如图 2-17 所示。显然，这种螺旋弹簧偏置的方案，其受力是不太合理的，对导向臂的设计和材质要求都是较高的。

于是又出现了把螺旋弹簧装于上摆臂之上的设计，例如我军某轻型突击车的前悬架等，如图 2-18 所示。这种螺旋弹簧上置的设计，不仅有碍发动机的布置，且使螺旋弹簧太短，行程过小，悬架容量不够。

正因如此,悬架工作者又设计出了一种双螺旋弹簧双减振器(与螺旋弹簧同轴)的悬架,也就是让传动轴从两螺旋弹簧之间通过,例如我军某轻型突击车悬架,如图2-19所示。

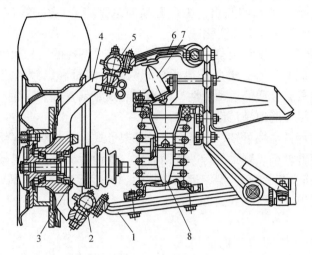

图2-17 驱动桥下置螺旋弹簧双横臂独立悬架

1、6—下摆臂及上摆臂 2、5—球头销 3—半轴等速万向节 4—立柱 7、8—缓冲块

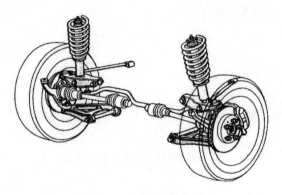

图2-18 驱动桥上置螺旋弹簧双横臂独立悬架

图2-19 驱动桥双螺旋弹簧双减振器双横臂独立悬架

当双横臂上、下臂的长度相等时,车轮跳动带来的轮距变化最大,但车轮外倾角不发生变化。实际的悬架,其上、下臂的长度是不相等的,一般是上短下长,横向悬架中心的 Y 坐标从理论上说可在 $+\infty$ 和 $-\infty$ 之间变化,而 Z 坐标也可在很大的范围内进行调控。它可

以和悬挂质体的质心重合，乃至可为负值。

双横臂悬架上、下臂的销轴，其长度和倾角也是可选择、可调控的。销轴长度越大，结构稳定性越好。上、下臂销轴的倾角，决定着纵向悬架中心的位置（X 坐标）。从理论上说，X 坐标也可在 $+\infty$ 和 $-\infty$ 之间变化。

双横臂上、下横臂的长度和倾角，也都是可选择、可调控的。悬架中心的可设计性可令其轻易地获得理想的侧倾中心，进而获得所需的侧倾力矩臂和纵倾力矩臂，控制车身稳定性。同时还可使悬架具有合适的运动特性，即当车轮跳动和车身倾斜时，车轮的定位参数、轮距、轴距的变化都尽可能地满足设计要求。

由双臂悬架的设计灵活性可知，它具有多种悬架形式，单就双横臂悬架而言，就有摆臂平行、摆臂内交、摆臂外交、臂销平行、臂销前交、臂销后交等多种悬架形式。

现具体讨论如下问题：空间模型、运动学特性、弹性元件受力、瞬时中心与瞬时轴线、换算线刚度与角刚度以及摆臂临界角等。

（二）空间模型

在绘出双横臂悬架空间模型的前提下，列出相关点的坐标，并利用这些坐标确定上下摆臂的坐标，然后利用 YZ 平面和 XZ 平面的模型确定瞬时悬架中心和轴线以及瞬时侧倾中心等。

1. 空间模型

双横臂悬架空间模型如图 2-20 所示。图中除上、下三角架外，还有扭杆、减振器以及转向机构等。相关点的坐标列于表 2-1 中。

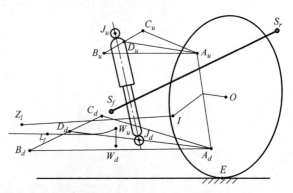

图 2-20 双横臂悬架空间模型

表 2-1 双横臂悬架相关点的代号及坐标

相关点	坐标		
	X	Y	Z
A_u（主销上支点）	x_{Au}	y_{Au}	z_{Au}
B_u（上三角架前支点）	x_{Bu}	y_{Bu}	z_{Bu}
C_u（上三角架后支点）	x_{Cu}	y_{Cu}	z_{Cu}
D_u（上臂内支点）	x_{Du}	y_{Du}	z_{Du}
A_d（主销下支点）	x_{Ad}	y_{Ad}	z_{Ad}
B_d（下三角架前支点）	x_{Bd}	y_{Bd}	z_{Bd}
C_d（下三角架后支点）	x_{Cd}	y_{Cd}	z_{Cd}
D_d（下臂内支点）	x_{Dd}	y_{Dd}	z_{Dd}
J_u（减振器上支点）	x_{Ju}	y_{Ju}	z_{Ju}
J_d（减振器下支点）	x_{Jd}	y_{Jd}	z_{Jd}
S_f（扭杆前端点）	x_{Sf}	y_{Sf}	z_{Sf}
S_r（扭杆调节臂中心点）	x_{Sr}	y_{Sr}	z_{Sr}
O（车轮中心点）	x_O	y_O	z_O
E（车轮接地中心）	x_E	y_E	z_E

2. 上下臂的坐标

双横臂悬架常做成双叉杆式或 A 臂式，参见图 2-20。它利用上"三角架"$A_u B_u C_u$ 和下"三角架"$A_d B_d C_d$ 将车轮和车身联结起来。为简化分析和计算的需要，常将上、下"三角架"各简化为摆臂，也就是图 2-20 中的 $\overline{A_u D_u}$ 和 $\overline{A_d D_d}$。因此确定上、下臂的坐标，也就是在已知"三角架"三点 A、B、C 坐标的情况下，确定 D_u 和 D_d 两点的坐标。确定的具体步骤如下：

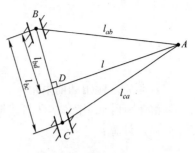

图 2-21 摆臂坐标的确定

（1）计算"三角架"各边的空间长度

设 x、y、z 为"三角架"各点的坐标，那么"三角架"各边的实际长度可根据图 2-21 的关系利用下式计算：

$$l_{ab} = [(x_a - x_b)^2 + (y_a - y_b)^2 + (z_a - z_b)^2]^{\frac{1}{2}} \tag{2-35}$$

$$l_{bc} = [(x_b - x_c)^2 + (y_b - y_c)^2 + (z_b - z_c)^2]^{\frac{1}{2}} \tag{2-36}$$

$$l_{ca} = [(x_c - x_a)^2 + (y_c - y_a)^2 + (z_c - z_a)^2]^{\frac{1}{2}} \tag{2-37}$$

（2）确定臂端坐标

在实际边长的三角形中，过 A 点所作边长 l_{bc} 的垂线 $\overline{AD}$（$= l$）便是臂长，其垂足 D 便是臂的另一端点，与 D 点相关的长度 $\overline{BD} = l_{bd}$ 和臂长 $\overline{AD} = l$ 可用下式计算：

$$l_{bd} = \frac{\pm (l_{ab}^2 + l_{bc}^2 - l_{ca}^2)}{2 l_{bc}} \tag{2-38}$$

$$l = (l_{ab}^2 - l_{bd}^2)^{\frac{1}{2}} \tag{2-39}$$

式（2-38）中的正负号，垂足在三角形中部或外下部者取正，其余取负。垂足的坐标可用下式计算：

$$\left.\begin{aligned} x_d &= x_b \pm \frac{(x_c - x_b) l_{cd}}{l_{bc}} \\ y_d &= y_b \pm \frac{(y_c - y_b) l_{cd}}{l_{bc}} \\ z_d &= z_b \pm \frac{(z_c - z_b) l_{cd}}{l_{bc}} \end{aligned}\right\} \tag{2-40}$$

垂足在三角形 $\triangle ABC$ 中部者取正号，其余为负号。

（三）运动学特性

悬架运动学特性是指当车轮跳动时，前轮定位参数中的轮距、主销倾角和前轮侧向滑移量等参数相应变化的规律。这一规律是由导向机构所决定的，它直接影响到汽车的使用性能，特别是影响操纵稳定性、平顺性、转向轻便性和轮胎的使用寿命等。

1. 车轮初始定位参数

（1）主销内倾角和后倾角

主销内倾和后倾均定义为正，反之为负。主销内倾角 γ_i 与后倾角 γ_r 可根据 A_u、A_d 两点的坐标由式（2-41）和式（2-42）计算：

$$\gamma_i = \arctan\left(\frac{y_{Au} - y_{Ad}}{z_{Au} - z_{Ad}}\right) \tag{2-41}$$

$$\gamma_r = \arctan\left(\frac{x_{Au} - x_{Ad}}{z_{Au} - z_{Ad}}\right) \tag{2-42}$$

(2) 车轮外倾角和前束角

车轮外倾角 γ_0 由轮心 O 与接地点 E 的坐标确定。定义车轮外倾角外倾为正。外倾角用式（2-43）计算：

$$\gamma_0 = \arcsin\left(\frac{y_E - y_O}{R}\right) \tag{2-43}$$

式中 R——轮胎的静半径。

车轮的前束角 θ_T 由车轮的轮心 O 与接地点 E 的坐标确定。定义前束角内收为正。前束角用式（2-44）计算：

$$\theta_T = \arctan\left(\frac{x_O - x_E}{y_O - y_E}\right) \tag{2-44}$$

(3) 主销后拖距及内倾距

设主销延线与地面的交点为 P，其 x、y 坐标分别为

$$x_P = x_{Au} + \frac{z_E - z_{Au}}{z_{Au} - z_{Ad}}(x_{Au} - x_{Ad}) \tag{2-45}$$

$$y_P = y_{Au} + \frac{z_E - z_{Au}}{z_{Au} - z_{Ad}}(y_{Au} + y_{Ad}) \tag{2-46}$$

从而主销的后拖距 a_r 为

$$a_r = x_E - x_P \tag{2-47}$$

主销的偏移距 a_i 为

$$a_i = y_E - y_P \tag{2-48}$$

2. 导向机构随下臂或上臂的运动关系

导向机构随摆臂运动的问题，本系三维空间的问题，此处，拟打算把它放在 YZ 平面内的二维空间来处理。其理由是在理论上我们认为 A_u、D_u、A_d、D_d、E（O_3、O_4、O_2、O_1、O_5）五点的 x 坐标相等，这就是说，这个问题本来就是个平面问题，何必把问题复杂化呢？再则是在二维空间内，可以轻易地获得显式函数的结果，问题就大为简化了。

此处，利用简明的复数法来建立机构随下臂或上臂运动的数学模型。在所研究的问题里，导向机构其实就是一个"四杆机构"，参见图 2-22。我们把"四杆机构"的杆长设为 R_K（$K=1,2,3,4$），若弹性元件装于下臂之上，则杆 R_1 这个下臂就是主动臂。作用于主动臂端点 A_d（O_2）的力（力矩）使下臂绕枢轴点 D_d（O_1）反时针旋转。

假设下臂转过了 α 角，其他各杆转角

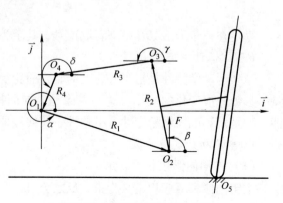

图 2-22 导向机构的运动规律

分别为 β、γ 和 δ。由于 R_K 和 δ 为已知参数，α 为独立变量，要推求的只有 β 和 γ。

若弹性元件装于上臂之上，则杆 R_3 这个上臂就是主动臂。作用于主动臂端点 $A_u(O_3)$ 的力（力矩）使上臂绕枢轴点 $D_u(O_4)$ 反时针旋转。假设上臂转过了 γ 角，其他各杆的转角分别为 α、β 和 δ。由于 R_K 和 δ 为已知参数，γ 为独立变量，要推求的只有 α 和 β。

在图 2-22 中，"四杆机构" 全部系铰点，且复数 $\vec{R}_K$ 构成封闭环路，亦即

$$\sum_{K=1}^{4} \vec{R}_K = \vec{R}_1 + \vec{R}_2 + \vec{R}_3 + \vec{R}_4 = 0 \tag{2-49}$$

按指数写法为

$$\sum_{K=1}^{4} R_K e^{ix} = R_1 e^{i\alpha} + R_2 e^{i\beta} + R_3 e^{i\gamma} + R_4 e^{i\delta} \tag{2-50}$$

根据欧拉公式有

$$e^{ix} = \cos x + i \sin x \tag{2-51}$$

所以，复数实部为

$$R_1 \cos\alpha + R_2 \cos\beta + R_3 \cos\gamma + R_4 \cos\delta = 0 \tag{2-52}$$

由复数虚部得

$$R_1 \sin\alpha + R_2 \sin\beta + R_3 \sin\gamma + R_4 \sin\delta = 0 \tag{2-53}$$

若弹性元件装在下臂上，则 α 为独立变量，故可由式（2-52）和式（2-53）解得：

$$\sin\beta = \frac{A_1 A_2 + \sqrt{A_2^2 - A_1^2 + 1}}{1 + A_2^2} \tag{2-54}$$

式中 $A_1 = \dfrac{R_3^2 - [R_1^2 + R_2^2 + R_4^2 + 2R_1 R_4 \cos(\alpha - \delta)]}{2R_2(R_1 \cos\alpha + R_4 \cos\delta)}$；

$A_2 = (R_1 \sin\alpha + R_4 \sin\delta)/(R_1 \cos\alpha + R_4 \cos\delta)$。

在已知 β 后，由式（2-53）可解得：

$$\sin\gamma = (R_1 \sin\alpha + R_2 \sin\beta + R_4 \sin\delta)/R_3 \tag{2-55}$$

若弹性元件装在上臂之上，则 γ 为独立变量，故可由式（2-52）和式（2-53）解得：

$$\beta = 180° - \arcsin\left(\frac{A_1 A_2 + \sqrt{A_2^2 - A_1^2 + 1}}{1 + A_2^2}\right) \quad (90° < \beta < 180°) \tag{2-56}$$

式中 $A_1 = \dfrac{R_1^2 - [R_2^2 + R_3^2 + R_4^2 + 2R_3 R_4 \cos(\gamma - \delta)]}{2R_2(R_3 \cos\gamma + R_4 \cos\delta)}$；

$A_2 = (R_3 \sin\gamma + R_4 \sin\delta)/(R_3 \cos\gamma + R_4 \cos\delta)$。

在已知 β 后，由式（2-53）解得：

$$\alpha = 360° - \arcsin[(R_2 \sin\beta + R_3 \sin\gamma + R_4 \sin\delta)/R_1] \quad (270° < \alpha < 450°) \tag{2-57}$$

3. 车轮着地点随摆臂运动的关系

在图 2-22 和图 2-23 中，弹性元件无论装在下臂上还是装在上臂上，车轮着地点的变化都是由 $\vec{R}_1$、$\vec{R}_5$、$\vec{R}_6$、$\vec{r}_K$ 和 $\vec{R}$ 所构成的闭环决定，因此，复数 $\vec{R}$ 以及对应的 x、y 便可由式（2-58）、式（2-59）和式（2-60）给出：

$$\vec{R} = R_1 e^{i\alpha} + R_5^{i\beta} + R_6^{i(\beta + \lambda i)} + r_K e^{i(\beta + \lambda i + \lambda_0)} \tag{2-58}$$

$$x = R_1 \cos\alpha + R_5 \cos\beta + R_6 \cos(\beta + \lambda i) + r_K \cos(\beta + \lambda i + \lambda_0) \tag{2-59}$$

$$y = R_1\sin\alpha + R_5\sin\beta + R_6\sin(\beta + \lambda i) + r_K\sin(\beta + \lambda i + \lambda_0) \tag{2-60}$$

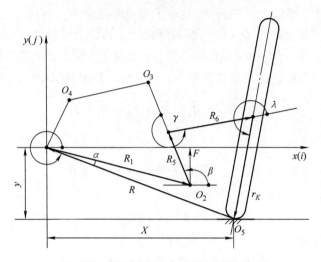

图 2-23　车轮着地点随摆臂运动的关系

4. 相关参数与摆臂运动的关系

相关参数指轮距 B、车轮外倾角 ξ_0、主销内倾角 ξ_i、瞬时悬架中心 C 和瞬时侧倾中心 O 等，参见图 2-24。

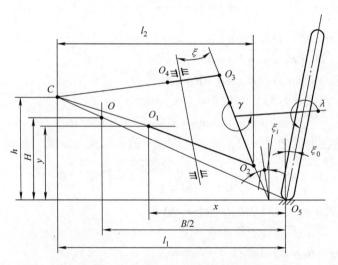

图 2-24　相关参数与摆臂运动的关系

这些参数不但随摆臂的运动而改变，且对悬架刚度、行驶稳定性和车身稳定性等都有至关重要的作用。

根据图 2-22、图 2-23 和图 2-24 的关系，加之已经导出的结果，便可得到下列相关参数的表达式：

（1）车轮外倾角 ξ_0

$$\xi_0 = 630° - \lambda_0 - \lambda_i - \beta \tag{2-61}$$

（2）主销内倾角 ξ_i

$$\xi_i = \beta - 90° - \xi \tag{2-62}$$

式中 ξ——主销与杆$\overline{O_2O_3}$（R_2）的夹角。

（3）轮距

$$B = S + 2x \tag{2-63}$$

式中 S——左右悬架摆臂枢轴点间的距离。

（4）杠杆参数 l_1、l_2

杠杆参数 l_1 和 l_2，它们不仅是确定悬架中心 C 和侧倾中心 O 的过渡参数，也是推求悬架刚度必不可少的参数。由图 2-24 的几何关系可得

$$l_1 = l_2 \pm [x - R_1\cos(\alpha - 360°)] \tag{2-64}$$

$$l_2 = \pm \frac{R_2\sin(\gamma - \beta)\cos(\alpha - 360°)}{\sin(\alpha - \gamma)} \tag{2-65}$$

（5）瞬时悬架中心 C 的纵坐标 h

$$h = \pm l_1\tan(\alpha - 360°) - |y + x\tan(\alpha - 360°)| \tag{2-66}$$

式（2-64）～式（2-66）中的"±"号，摆臂内交者取正，反之取负。

（6）瞬时侧倾中心 O 的纵坐标 H

$$H = Bh/2l_1 \tag{2-67}$$

（四）弹性元件受力

在悬架设计中，必须要知道弹性元件的受力或力矩，否则无法进行弹簧设计。如何求出弹性元件的受力（力矩）呢？这在双横臂悬架中可分为下述四种情况来研究：螺旋弹簧装在下臂上；螺旋弹簧装在上臂上；扭杆弹簧装在下臂上；扭杆弹簧装在上臂上。

1. 螺旋弹簧装在下臂上

在螺旋弹簧装于下臂之上，已知车轮满载静载荷 P 的情况下，可利用图 2-25 的关系来推求螺旋弹簧轴线方向的受力 F_s。

由于弹簧装在下臂之上，故上臂系二力杆，力 P、Q 和 N 汇交于 O 点，故有：$Q\cos\varphi_1 = N\sin\xi$，$P = Q\sin\varphi_1 + N\cos\xi$，所以 $N = \cos\varphi_1 P/\cos(\xi - \varphi_1)$。

图中 φ_1、φ_2 为上、下臂相对于水平面的夹角，ξ 为 N 力线与垂直平面的夹角，θ 为螺旋弹簧轴线与下臂垂直线的夹角。

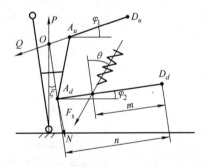

图 2-25 螺旋弹簧装于下臂的受力

N 力的分力 $N\cos(\xi - \varphi_2)$ 和弹簧力的分力 $F_s\cos\theta$ 分别对臂端 D_d 取矩有 $nN\cos(\xi - \varphi_2) = mF_s\cos\theta$，由此可得螺旋弹簧的轴线力：

$$F_s = \frac{n\cos(\xi - \varphi_2)}{m\cos\theta}N = \frac{n\cos\varphi_1\cos(\xi - \varphi_2)}{m\cos\theta\cos(\xi - \varphi_1)}P \tag{2-68}$$

弹簧轴线力 F_s 的计算公式，是随上、下摆臂端点 A_u、D_u、A_d、D_d 的坐标值而变的，具体的公式应以具体的坐标值来决定。

2. 螺旋弹簧装在上臂上

螺旋弹簧装于上臂之上的情况，如图 2-26 所示。

由于下臂系二力杆，P、Q、N 三力汇于点 O，故有

$$N\sin\xi = Q\cos\varphi_2$$
$$P = N\cos\xi - Q\sin\varphi_2$$
$$N = \cos\varphi_2 P/\cos(\xi+\varphi_2)$$
$$F = \cos\varphi_2 \cos(\xi+\varphi_1)P/\cos(\xi+\varphi_2)$$

故弹簧受力为

$$F_s = \frac{nF}{m\cos\theta} = \frac{n\cos\varphi_2 \cos(\xi+\varphi_1)}{m\cos\theta\cos(\xi+\varphi_2)}P \qquad (2\text{-}69)$$

3. 扭杆装在下臂上

由于扭杆装在下臂上，故上臂系二力杆，P、N、Q 三力汇于 O 点，如图 2-27 所示，故有

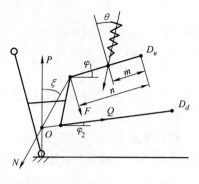

图 2-26　螺旋弹簧装于上臂的受力

$$N\sin\xi = Q\cos\varphi_1$$
$$P = N\cos\xi + Q\sin\varphi_1$$

于是

$$N = \cos\varphi_1 P/\cos(\xi-\varphi_1)$$

扭杆端部受力

$$F = N\cos(\xi-\varphi_2) = \frac{\cos\varphi_1 \cos(\xi-\varphi_2)}{\cos(\xi-\varphi_1)}P \qquad (2\text{-}70)$$

扭杆承受的力矩为

$$T_f = FR_1 = \frac{R_1\cos\varphi_1 \cos(\xi-\varphi_2)}{\cos(\xi-\varphi_1)}P \qquad (2\text{-}71)$$

式中　φ_1、φ_2——上、下臂与水平面的夹角；
　　　ξ——N 力线与垂直平面的夹角。

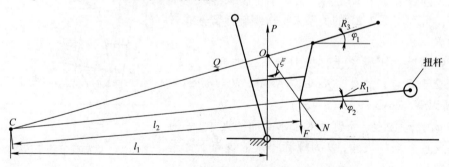

图 2-27　扭杆装在下臂上的受力

4. 扭杆装于上臂上

扭杆装在上臂上的情况如图 2-28 所示。

由于扭杆装在上臂上，故下臂系二力杆，P、Q、N 三力汇于点 O，故有

$$N\sin\xi = Q\cos\varphi_2$$
$$P = N\cos\xi - Q\sin\varphi_2$$

于是

$$N = \cos\varphi_2 P/\cos(\xi+\varphi_2)$$

扭杆端部受力为

$$F = N\cos(\xi + \varphi_1) = \frac{\cos\varphi_2 \cos(\xi + \varphi_1)}{\cos(\xi + \varphi_2)}P \qquad (2\text{-}72)$$

扭杆承受的力矩为

$$T_f = FR_3 = \frac{R_3 \cos\varphi_2 \cos(\xi + \varphi_1)}{\cos(\xi + \varphi_2)}P \qquad (2\text{-}73)$$

式中　φ_1、φ_2——上、下臂与水平面的夹角；

　　　ξ——N 力线与垂直平面的夹角。

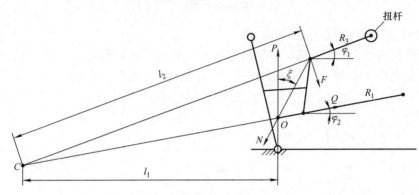

图 2-28　扭杆装在上臂上的受力

（五）瞬时中心与瞬时轴线

下面具体确定双横臂独立悬架的瞬时悬架中心、摆臂角、臂销角和瞬时悬架轴线以及侧倾瞬时中心等。

1. 悬架瞬时中心与瞬时轴线

（1）横向悬架瞬时中心

横向导向机构分别由上臂 $\overline{A_u D_u}$ 和下臂 $\overline{A_d D_d}$ 构成，参见图 2-29。它属摆臂外交式。

点 A_u、D_u 以及点 A_d、D_d 连线的延长线汇交于车轮外侧的点 C_T，此点便是横向悬架中心。请注意 $\overline{A_u D_u}$ 和 $\overline{A_d D_d}$ 系满载时的空间直线，其延长线不一定交于一点。正因如此，在设计时，务要保证 A_u、D_u、A_d、D_d、E 五点基本共面，即应使其 x 坐标基本相等。因此，上、下"三角架"的设计是不可随便的。

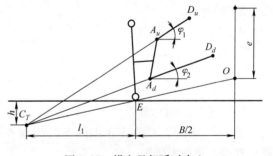

图 2-29　横向悬架瞬时中心

点 C_T 与车轮着地中心点 E 连线的延长线与车身中心线（中性面）的交点 O 就是侧倾瞬时中心。它与悬挂质体质心的高度差便是侧倾力矩臂 e。

横向悬架瞬时中心 C_T 的位置由高度 h 和长度 l_1 决定，而在横向平面内上、下臂所在直线的方程为

$$\frac{y - y_{Au}}{y_{Du} - y_{Au}} = \frac{z - z_{Au}}{z_{Du} - z_{Au}}, \quad \frac{y - y_{Ad}}{y_{Dd} - y_{Ad}} = \frac{z - z_{Ad}}{z_{Dd} - z_{Ad}}$$

解此方程，便可求出点 C 的坐标 y_C、z_C，因此有

$$h = z_E - z_C \tag{2-74}$$

$$l_1 = y_E - y_C \tag{2-75}$$

（2）摆臂角 φ_1、φ_2

摆臂角可根据 A_u、D_u、A_d、D_d 四点的坐标由下列二式计算：

$$\varphi_1 = \arctan\left(\frac{|z_{Du} - z_{Au}|}{|y_{Du} - y_{Au}|}\right) \tag{2-76}$$

$$\varphi_2 = \arctan\left(\frac{|z_{Dd} - z_{Ad}|}{|y_{Dd} - y_{Ad}|}\right) \tag{2-77}$$

（3）纵向悬架瞬时中心

纵向导向机构由上臂销轴 $\overline{B_u C_u}$ 和下臂销轴 $\overline{B_d C_d}$ 构成，两销轴延线的交点 C_L 就是纵向悬架中心，参见图 2-30。至于纵向瞬时中心，则需要前后悬架配合导出。

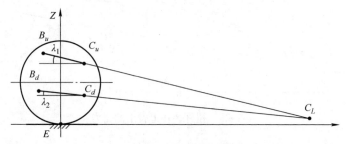

图 2-30　纵向导向机构

（4）臂销角 λ_1、λ_2

上臂销角 λ_1 与下臂销角 λ_2 可根据 B_u、C_u、B_d、C_d 四点的坐标，由式（2-78）和式（2-79）计算：

$$\lambda_1 = \arctan\left(\frac{z_{Bu} - z_{Cu}}{x_{Cu} - x_{Bu}}\right) \tag{2-78}$$

$$\lambda_2 = \arctan\left(\frac{z_{Bd} - z_{Cd}}{x_{Cd} - x_{Bd}}\right) \tag{2-79}$$

（5）悬架瞬时轴线

图 2-31 中的点 C_T 在 T 平面内、点 C_L 在 L 平面内，这两点的连线就是在三维空间内双横臂悬架的悬架瞬时轴线。

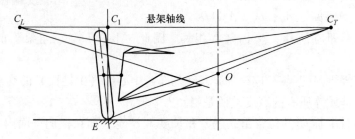

图 2-31　双横臂悬架的悬架瞬时轴线

2. 侧倾瞬时中心

图 2-32 是内收式双横臂独立悬架，此种悬架可采用"三心定理"来求侧倾瞬时中心。

在左半部，车轮 3 与上杆 4 的相对瞬时中心是 P_{34}，而上杆 4 与车身 1 的相对瞬时中心是 P_{14}，根据"三心定理"，车轮 3 与车身 1 的瞬时转动中心必在 P_{34} 和 P_{14} 的连线上。

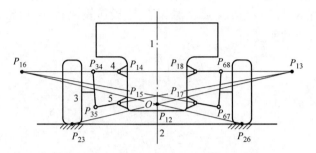

图 2-32　双横臂独立悬架的侧倾瞬时中心

同样，下杆 5 与车轮 3 和车身 1 的相对瞬时中心分别为 P_{35} 和 P_{15}，根据"三心定理"，车身与车轮 3 的相对瞬时转动中心又必在 P_{35} 和 P_{15} 的连线上。因此，两条连线的交点 P_{13} 就是车身对左轮的瞬时转动中心。

知道了左轮对车身的相对瞬时转动中心（悬架瞬时中心）P_{13}，而且又知道车轮 3 对地面 2 的相对瞬时转动中心就是 P_{23}，因而，根据"三心定理"，车身 1 对地面 2 的瞬时转动中心 P_{12} 必在 P_{23} 和 P_{13} 的连线上。

按同样的步骤可以求出，车身 1 对地面 2 的瞬时转动中心 P_{12} 又必在 P_{26} 和 P_{16} 的连线上。

由于横向瞬时转动中心与侧倾力矩中心的一致性，故 P_{12} 就是侧倾瞬时中心 O。

如果双横臂的上下臂是水平的，则瞬时中心在地平线与中性面的交点处。

如果双横臂的上下臂是外交式的，则瞬时中心将钻入地平面之下，使侧倾力臂增大。

（六）换算线刚度与角刚度

1. 典型形式

双横臂悬架可设计性极强，因为它的导向机构有着极强的可变性。上下摆臂在 T 平面内可以内交，也可以外交，而且摆臂角 φ 还可大可小，其交点可近可远；上下摆臂的臂销在 L 平面内，可以前交，也可以后交，臂销角 λ 也可大可小，从而调节交点的远近。此外，上下摆臂、上下销轴均可平行，从而使悬架瞬时中心 C_T 和 C_L 移至无穷远处。也就是说车身的侧倾瞬时中心和纵倾瞬时中心都是可设计的、可调整的。例如想提高车身稳定性，降低车身侧倾角，就提高侧倾瞬时中心 O，减小侧倾力矩臂；想增加操纵稳定性，就降低侧倾瞬时中心 O（甚至可让此点钻入地平面之下），增大侧倾力矩臂。

双横臂独立悬架有如下 8 种典型形式：

$$\text{摆臂内交}\begin{cases}\text{弹簧置于上臂}\begin{cases}\text{扭杆簧}\\\text{螺旋弹簧}\end{cases}\\\text{弹簧置于下臂}\begin{cases}\text{扭杆簧}\\\text{螺旋弹簧}\end{cases}\end{cases}\quad\text{摆臂外交}\begin{cases}\text{弹簧置于上臂}\begin{cases}\text{扭杆簧}\\\text{螺旋弹簧}\end{cases}\\\text{弹簧置于下臂}\begin{cases}\text{扭杆簧}\\\text{螺旋弹簧}\end{cases}\end{cases}$$

2. 公式推导

为节约篇幅，此处只选摆臂内交和摆臂外交各一种作为示例推导，其余几种的换算线刚度和角刚度列入表 2-2 之中。

（1）摆臂内交式

摆臂内交、臂销平行的双横臂独立悬架在已知弹簧刚度 C 和轮距 B 的情况下，由图 1-9 可知，单边换算线刚度为

$$K = C\left(\frac{ml_2}{nl_1}\cos\theta\right)^2 \tag{2-80}$$

横向角刚度为

$$C_\alpha = \frac{C}{2}\left(B\frac{ml_2}{nl_1}\cos\theta\right)^2 \tag{2-81}$$

（2）摆臂外交式

双横臂独立悬架的换算线刚度，可利用图 2-33 的关系导出。

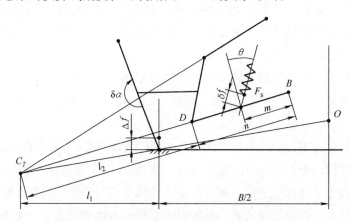

图 2-33　外交式双横臂独立悬架的换算线刚度

设车轮相对于车身绕悬架瞬时中心 C_T 转过了一个微元角 $\delta\alpha$，那么，由图 2-33 可知，车轮的垂直位移为 $\Delta f = l_1\delta\alpha$，即 $\delta\alpha = \Delta f/l_1$。当下臂绕点 B 旋转时，点 D 的位移 δD 与点 S 的位移 δS 的关系为 $\delta S = \frac{m}{n}\delta D$。又由于点 D 与车轮为一整体，故悬架瞬时中心 C_T 也是点 D 的瞬心，所以 $\delta D = l_2\delta\alpha$，进而

$\delta S = \frac{m}{n}l_2\delta\alpha = \frac{ml_2}{nl_1}\Delta f$，弹簧沿轴线方向的变形。

$\delta f = \delta S\cos\theta = \frac{ml_2}{nl_1}\Delta f\cos\theta$，$\theta$ 系弹簧轴线与下臂垂线间的夹角。将 δf 式代入由虚位移原理所得的式（1-5），便可得到悬架的换算线刚度：

$$K = C\left(\frac{\delta f}{\Delta f}\right)^2 = C\left(\frac{ml_2}{nl_1}\cos\theta\right)^2 \tag{2-82}$$

3. 横向角刚度

横向角刚度为

$$C_\alpha = \frac{1}{2}KB^2 = \frac{1}{2}C\left(B\frac{ml_2}{nl_1}\cos\theta\right)^2 \tag{2-83}$$

表 2-2　双横臂悬架的换算线刚度与角刚度

螺旋弹簧装在上臂上	$K = C\left(\dfrac{ml_2}{nl_1}\cos\theta\right)^2$	$C_\alpha = \dfrac{1}{2}KB^2$
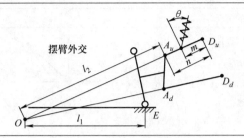		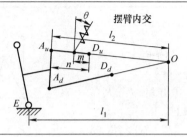

螺旋弹簧装在下臂上	$K = C\left(\dfrac{ml_2}{nl_1}\cos\theta\right)^2$	$C_\alpha = \dfrac{1}{2}KB^2$
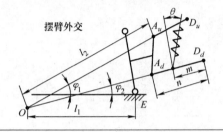		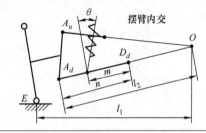

扭杆弹簧装在上臂上	$K = C\left(\dfrac{l_2}{l_1}\cos\varphi_1\right)^2$	$C_\alpha = \dfrac{1}{2}KB^2$
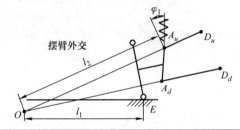		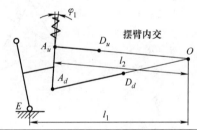

扭杆弹簧装在下臂上	$K = C\left(\dfrac{l_2}{l_1}\cos\varphi_2\right)^2$	$C_\alpha = \dfrac{1}{2}KB^2$
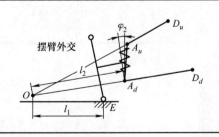		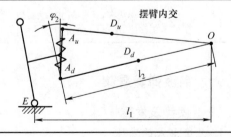

（七）摆臂临界角

由运动学特性可知，在四杆机构杆长 R_K 以及 δ 角确定之后，摆臂转角的变化范围将受到机构运动的限制。它可能的最小转角称为反弹临界角，其可能的最大转角称为压缩临界角。

研究临界角的目的，在于合理分配有效行程，正确设计扭杆零载荷角和安装限位装置等。临界角分弹簧装于上臂和下臂两种情况。每种情况中又有杆长 $R_4 > R_2$ 和 $R_2 > R_4$ 两种情况，并分别还有压缩和反弹两种情况，一共是 8 种情况，参见表 2-3。

表 2-3 摆臂临界角的确定

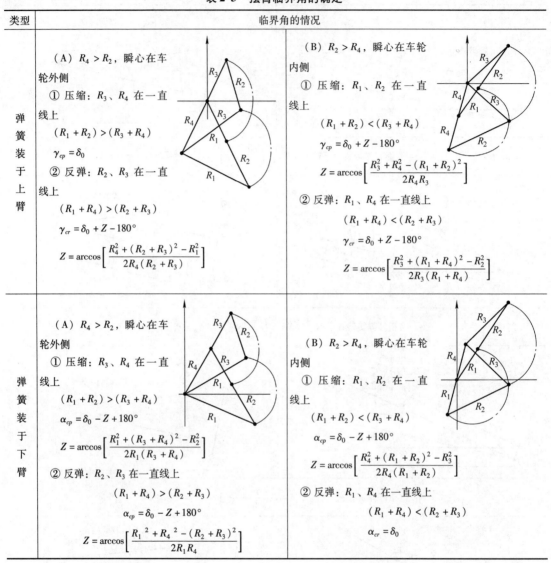

类型	临界角的情况	
弹簧装于上臂	（A） $R_4 > R_2$，瞬心在车轮外侧 ① 压缩：R_3、R_4 在一直线上 $(R_1 + R_2) > (R_3 + R_4)$ $\gamma_{cp} = \delta_0$ ② 反弹：R_2、R_3 在一直线上 $(R_1 + R_4) > (R_2 + R_3)$ $\gamma_{cr} = \delta_0 + Z - 180°$ $Z = \arccos\left[\dfrac{R_4^2 + (R_2 + R_3)^2 - R_1^2}{2R_4(R_2 + R_3)}\right]$	（B） $R_2 > R_4$，瞬心在车轮内侧 ① 压缩：R_1、R_2 在一直线上 $(R_1 + R_2) < (R_3 + R_4)$ $\gamma_{cp} = \delta_0 + Z - 180°$ $Z = \arccos\left[\dfrac{R_3^2 + R_4^2 - (R_1 + R_2)^2}{2R_4 R_3}\right]$ ② 反弹：R_1、R_4 在一直线上 $(R_1 + R_4) < (R_2 + R_3)$ $\gamma_{cr} = \delta_0 + Z - 180°$ $Z = \arccos\left[\dfrac{R_3^2 + (R_1 + R_4)^2 - R_2^2}{2R_3(R_1 + R_4)}\right]$
弹簧装于下臂	（A） $R_4 > R_2$，瞬心在车轮外侧 ① 压缩：R_3、R_4 在一直线上 $(R_1 + R_2) > (R_3 + R_4)$ $\alpha_{cp} = \delta_0 - Z + 180°$ $Z = \arccos\left[\dfrac{R_1^2 + (R_3 + R_4)^2 - R_2^2}{2R_1(R_3 + R_4)}\right]$ ② 反弹：R_2、R_3 在一直线上 $(R_1 + R_4) > (R_2 + R_3)$ $\alpha_{cp} = \delta_0 - Z + 180°$ $Z = \arccos\left[\dfrac{R_1^2 + R_4^2 - (R_2 + R_3)^2}{2R_1 R_4}\right]$	（B） $R_2 > R_4$，瞬心在车轮内侧 ① 压缩：R_1、R_2 在一直线上 $(R_1 + R_2) < (R_3 + R_4)$ $\alpha_{cp} = \delta_0 - Z + 180°$ $Z = \arccos\left[\dfrac{R_4^2 + (R_1 + R_2)^2 - R_3^2}{2R_4(R_1 + R_2)}\right]$ ② 反弹：R_1、R_4 在一直线上 $(R_1 + R_4) < (R_2 + R_3)$ $\alpha_{cr} = \delta_0$

六、钢板弹簧悬架

（一）类型及发展

1. 悬架形式的发展

钢板弹簧悬架是开发得最早的悬架，在有汽车之前，马车上就已采用了"半椭圆"式钢板弹簧悬架。纵置对称式的普通钢板弹簧悬架是结构简单、成本低、维修方便、寿命较长的悬架。它不仅能够承载、导向，还能传递力和力矩，提供纵向、横向角刚度等。它是使用最为广泛、至今还在使用的一种基础悬架。

钢板弹簧除普通对称簧（图 2-34）之外，还有非对称板簧（图 2-35）；除相关悬架纵置板簧之外，还有横置板簧独立悬架（图 2-36）；除等断面簧外，还有变断面簧（图 2-37）；除具有主、副簧的变刚度簧（2-38）外，还有渐变刚度簧等。

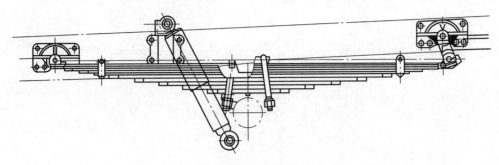

图 2-34 普通对称钢板弹簧悬架

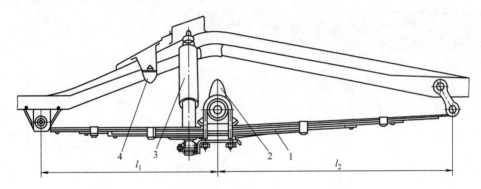

图 2-35 非对称板簧悬架

1—板簧 2—限位块 3—减振器 4—辅助缓冲块

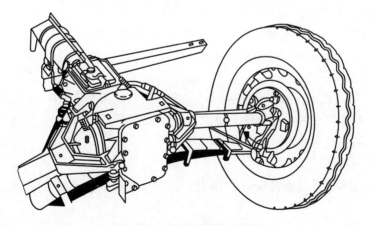

图 2-36 横置板簧独立悬架

2. 板簧自身结构的发展

（1）长度由短变长

板簧主片长度由原先的 1m 左右，发展到 1.5m 以上。弹簧变长能使在同等变形下降低应力，提高寿命；在同等应力下，能增大变形提高平顺性；在同等刚度下，增大自身纵向角

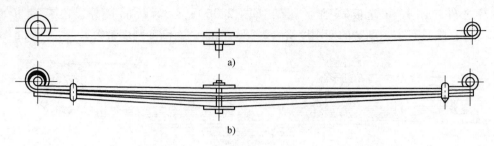

图 2-37 变断面单片簧和少片簧
a) 单片簧 b) 少片簧

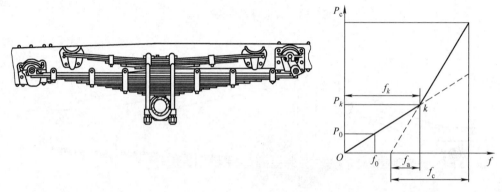

图 2-38 主副簧悬架及特性曲线

刚度，抵抗车桥角位移，减少制动时的"S"形变形。须知，板簧角刚度 $C_\theta = CL^2/4$，显然，它是和主片长度的平方成正比的。

（2）宽度由窄变宽

板簧宽度由原先的 4cm 发展到今天的 6~10cm。增加宽度，不仅使卷耳的刚度增加，且使弹簧自身的横向角刚度和车辆的横向角刚度增大，并使惯性矩等比增大。

（3）厚度由薄变厚

随着淬火工艺的提高，板簧厚度也逐步加大。当初的板簧厚度只有 4mm，如今可以淬透 30mm 以上。增加宽度和厚度不仅为减少片数打下了基础，且可大大提高总惯性矩 I_0，因 I_0 和板簧厚度 h 的三次方成正比，即 $I_0 = nbh^3/12$。

（4）片数由多变少

我国 212 轻型指挥车的板簧最初是 14 片，而当今的轻型指挥车板簧一般为 1~3 片，参见图 2-37。

少片簧是在变宽、变厚的基础上，并将等断面改为变断面后实现的，参见图 2-39。

少片簧除了结构简单、维修方便之外，它的最大优点是降低了片间摩擦，也就是降低了所谓的库仑摩擦，提高了小幅振动的平顺性，参见图 2-40。

由图 2-40 可知，悬架在满载载荷 P_0 点做小幅振动时，也就是在良好路面行驶时，它所做的功是面积 $abcd$，对应的悬架刚度是 $\tan\alpha$，而 $\tan\alpha > \tan\alpha_0$。$\tan\alpha$ 的大小一是决定于振幅 Δf 的大小，这是客观使用条件，二是决定于示功图的"肥瘦"。肥就代表弹簧片多，摩擦功

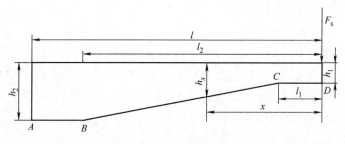

图 2-39　单片变断面簧

大,而瘦却代表弹簧片少,摩擦功小。单片弹簧的摩擦功为零,此时 $\mathrm{tg}\alpha = \mathrm{tg}\alpha_0$。

为消除库仑摩擦,设计人员在片间增装青铜、塑料或尼龙卡垫,它们按 120°的方位开设了三个槽,参见图 2-41。

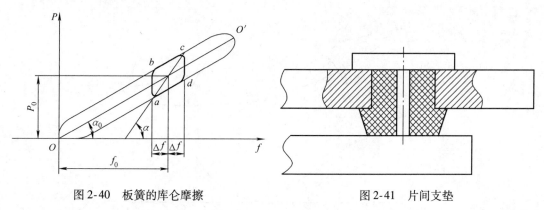

图 2-40　板簧的库仑摩擦　　　　　图 2-41　片间支垫

随着碳纤维材料技术的突破,单片簧的应用将更加广泛。

(二) 悬架瞬时中心和侧倾中心

钢板弹簧悬架看似简单,实则相当复杂,特别是导向机构很有其特殊性。一般悬架仅有一根悬架瞬时轴线,在 YZ 平面和 XZ 平面各只有一个悬架瞬时中心,悬架上所有"相关点"都是以它为瞬心运动的。然而在钢板弹簧悬架中却完全不是这样的。钢板弹簧悬架还分对称簧和非对称簧两种情况。对称簧不同"相关点"的瞬时中心可按平行四边形法则求得,而非对称簧的运动却是绕一个摆动中心摆动。

悬架"相关点"指的是与板簧主片中心相关的点,是被刚化于车桥上的所有点,也包括车轮上所有的点。一般关注的有车桥中心,"牙包"前端的"十字头"中心,主销上、下支点,减振器和稳定杆的下支点,梯形机构的关节点,特别是车轮接地中心等。我们关心的是这些"相关点"的运动瞬心、运动轨迹和轨迹半径等,研究板簧导向机构主要研究的就是这些问题。下面就对称簧和非对称簧分别予以研究。

1. 对称板簧的运动特性

研究对称板簧的运动特性,首先要摸清它的导向机构,摸清主叶片中心点的运动规律,亦即要找出它的运动瞬心,包括悬架瞬时中心以及轨迹半径及其与水平面的夹角等。下面分别研究 T 平面上的侧倾瞬时中心和 L 平面上瞬时悬架中心和轨迹半径等。

(1) 侧倾瞬时中心

在横向 T 平面上,车身对地面的侧倾瞬时中心 O 可以通过板簧对车身的约束反力来导出，参见图2-42。

(2) 悬架瞬时中心和轨迹半径

所谓轨迹半径指的是主叶片中心点 M' 的轨迹半径 R，它也叫"推杆"，点 C_L 是点 M' 的轨迹中心，也就是在纵向上的悬架瞬时中心。在已知板簧主片伸直长度 L 和夹紧距离 d 的情况下，轨迹半径的长度可近似表示为

$$R = \frac{3}{8}(L-d) \qquad (2-84)$$

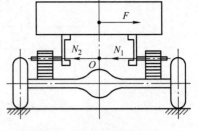

图2-42 钢板弹簧瞬时侧倾中心

图2-43 中的点 C_L 就是悬架瞬时中心，点 C 是相关点车轮着地中心 M 的轨迹中心，它是按平行四边形法则将点 C_L 平移的结果。因此，也把 $\overline{CM} = R$ 叫作"推杆"。对于其他相关点的轨迹中心，均可按平行四边形法则求得。

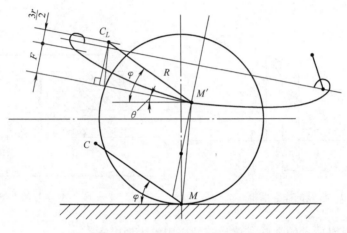

图2-43 对称板簧的"推杆"角

(3) "推杆"角 φ

"推杆"角 φ 系指在满载状态下，"推杆"（轨迹半径）$\overline{CM}$ 与地平面的夹角。在已知板簧相对于水平面的夹角为 θ，满载弧高为 F，板簧卷耳半径为 r，C_L 为板簧主片中心 M' 的轨迹中心的前提下，由图2-43 的几何关系可得对称板簧的"推杆"角为

$$\varphi = \arcsin\left(\frac{F \pm 2r/3}{R}\right) \pm \theta \qquad (2-85)$$

式中，F 后的正负号，上卷耳式取正，下卷耳式取负，对称式（柏林式）$2r/3$ 为 0；θ 前的正负号，板簧前（后）倾，摆耳在前（后）取正，板簧后（前）倾，摆耳在前（后）取负。

由式（2-85）可知，对前桥来说，板簧满载弧高为正，后倾布置，摆耳在后端的悬架，φ_1 不仅在第二象限，且数值较大；对后桥来说，满载弧高为负，前倾布置，摆耳在后端的悬架 φ_2 不仅在第三象限，且数值较大。这两种情况合在一起，是纵向力矩臂 e_l 增大的典型情况，对车身稳定性是最为不利的。然而，根据三正切定理，此种情况对转向特性却是最为有利的。

当 φ_1 在第二象限时，δ_1 为正值（车桥回转方向与转弯方向相反），当 φ_2 在第三象限

时，δ_2 为负值（车桥回转方向与转弯方向一致）。所以前后桥偏离角差 $\Delta = \delta_1 - (-\delta_2)$ 增大，增强了不足转向趋势，参见图 2-5。

上述分析也说明了车身稳定性总是和操纵稳定性矛盾的。此种矛盾情况，任何悬架都不例外，不同之处，仅是影响 φ 的数值和方向的是悬架形式和杆系参数。式（2-85）既可用来评价车身稳定性，也可用来评价操纵稳定性。正如上节所述，φ 值的大小还牵涉很多问题，因此不宜过分追求纵倾力矩臂的大小，而应全面考虑。

2. 非对称板簧的运动特性

所谓非对称板簧就是夹紧线左右两端长度不相等的钢板弹簧。研究非对称板簧的导向机构，主要就是研究它的运动规律，也就是研究所有"相关点"的运动规律。

作为一般悬架，所有"相关点"是绕着一个共同的悬架中心运动的。对称钢板弹簧每一"相关点"，虽然有着共同的轨迹半径，但却没有共同的瞬心，不过，每一相关点的瞬心都可用平行四边形法则求出。非对称钢板弹簧却完全不同，不同的"相关点"既没有共同的运动瞬心，也没有共同的轨迹半径。所有被刚化于车桥上的"相关点"都绕着一个偏摆中心倾斜摆动。这个摆动中心与主叶片中心点 M 的距离可用式（2-86）表示，参见图 2-44。

$$Q = \frac{L_A L_B}{L_B - L_A} \tag{2-86}$$

式中　L_B、L_A——长边和短边的长度。

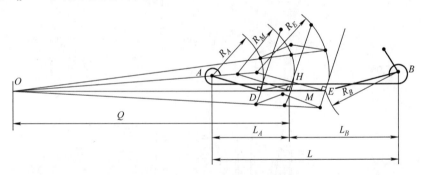

图 2-44　非对称板簧的运动规律

在图 2-44 中，点 O 是偏摆中心，点 A、点 B 是两端卷耳中心，点 H 是桥心，点 M 是主片中心。$\triangle DEH$ 代表一个被刚化的基本三角形，整个三角形绕着点 O 摆动。值得注意的是基本三角形的三个顶点以及主叶片中心点 M 的轨迹中心和轨迹半径都是不相同的。

非对称簧的这一运动特性，给各"相关点"的布置选择带来了极大的可设计性。例如布置减振器的下支点，不同的位置将获得不同的轨迹半径，也就是获得不同的阻尼力臂和阻尼力矩。

绘制非对称簧的运动轨迹图较为复杂。在非对称度（$Y = L_B / L_A$）较大时，可利用三连杆机构采用中心扩展法绘制，参见图 2-45。其绘制和修正的具体方法随附其后。在非对称度较小时，中心扩展法难于在一张图上绘出，故利用三连杆机构采用两点偏转法绘制（图 2-46）。其绘制和修正的具体方法随附其后。

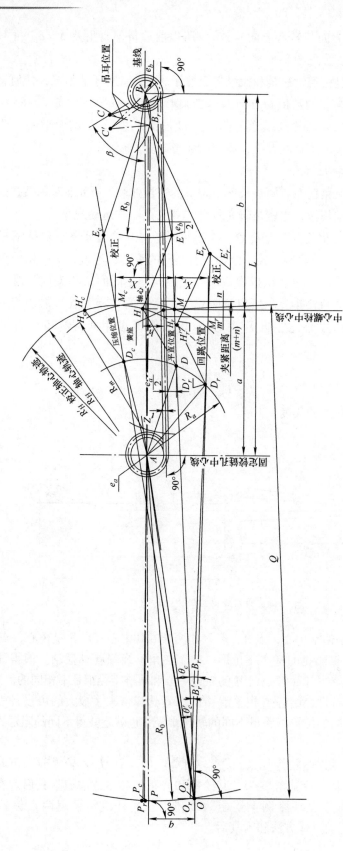

图 2-45 三连杆机构中心扩展法板簧的运动

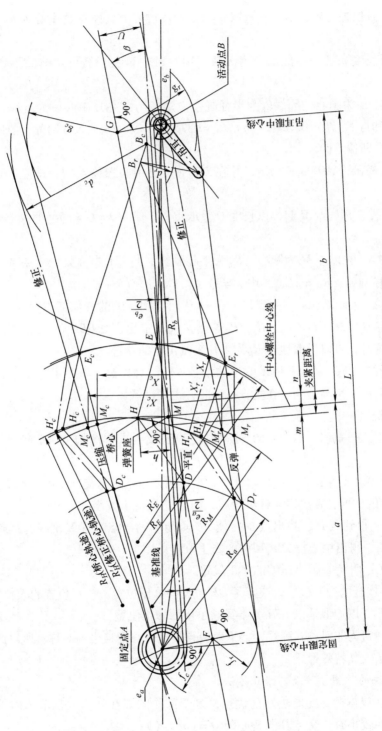

图 2-46 三连杆机构两点偏转法板簧的运动

3. 中心扩展法的作图步骤及其修正方法

（1）作图步骤

1）从主片平直位置开始，沿主片量取 a、b、L 及桥心 H（距主片中心为 h），有上置、下置于桥之分。

2）画出盖板长度 m 及 n，此部分为无效材料，对软簧及长簧可忽略而不致产生很大误差。

3）分别以 A、B 为圆心，R_a、R_b 为半径画弧，则各与距主片中心线为 $e_a/2$、$e_b/2$ 的直线相交得出点 D 和点 E [$R_a = 0.75(a-m)$, $R_b = 0.75(b-n)$]，e_a、e_b 分别等于前后卷耳内径加主片厚度之半，即偏心距。

4）画出三连杆机构 $AD—DE—EB$，并在 DE 上定出中心螺栓点 M；即经过点 H 作 DE 的垂线。

5）延长 ED 线，并从点 M 起，以长度 Q 量取点 O，使 $MO = Q = ab/(b-a) = LY/(Y^2-1)$，其中 $Y = b/a$。

6）连接 OA 线，并以点 M 为圆心，R_m 为半径画弧，与 OA 线相交于一点 Z，再以此点为圆心，R_m 为半径画弧，$R_m = \lambda L$，其中 $\lambda = 3Y^2/(3Y^2+1)/(Y+1)$。

7）对于给定的变形 X_r、X_c，就确定了点 M 从回弹到压缩的任何新位置 M_r、M_c，连接 O_{M_r}、O_{M_c}，再确定 D_r、D_c、E_r、E_c、H_r、H_c 等点，这就定出了 $\triangle DEH$ 的三个位置，也就是桥的三个位置，这时就可以近似地以 R_H 为半径来画桥的轨迹。

8）中心连杆的倾斜定义为每厘米变形的度数 θ/X，对称簧斜率为零，压缩、回弹皆做平移运动。实际上由于吊耳影响，在垂直移动时，也稍有倾斜。

（2）修正方法

吊耳角度在主片平直时，若 $\beta < 60°$ 或吊耳比较长或要求作图精度高时就须进行修正。方法如下：

1）决定点 P。以 A 为圆心，$R_o(=OA)$ 为半径画弧与基线的交点，即为点 P。

2）对于一定的变形，在决定连杆位置后，回弹点 B_r 就可找出。

3）延长 B_rA，得到点 P_r，找出点 O_r，使 $PO = P_rO_r = q$（点 Q 距基准线的距离）。

4）连接 O_rM_r，得出中心杆 D_rE_r 回弹的修正位置。

5）同理，做出 O_cM_c，得出压缩的修正位置。

6）这些中心连杆的中心位置，决定了 DE 桥壳的修正位置。修正位置的倾斜率是 θ'/X。并且运用这些作图可以近似地以 R'_H 为半径画出桥的修正位置。

注：此钢板弹簧为非对称式弹簧，上下盖板与钢板中心螺栓也不对称，所以此图具有代表性，对称式钢板为其特殊形式。

4. 两点偏转法的作图步骤及其修正方法

两点偏转法（或偏摆、变形法）的优点，是全部作图能在弹簧全长范围内进行。这是因为，当不对称性较小时，交点 O 与桥心距 $Q = (ab)/(b-a)$ 太大。

该方法的原理是基于两个悬臂弹簧的变形与弹簧座中心的变形相等。对于弹簧座的两个垂直位置可以算出。例如，最大压缩和最大回弹。当利用三连杆的时候，弹簧主片在平直位置时桥的轨迹和弹簧座的角度靠作图可完全确定。

该方法是对应于中心连杆扩展法的，同样对称簧、非对称簧均适用；传统式、非传统式弹簧亦均适用。

所谓传统式，即两悬臂叶片数、梯阶均相同，刚度与长度的三次方成反比。非传统式即梯阶或叶片数不等者。

(1) 作图步骤

1) 从主片平直位置开始，并沿主片量取 a、b 及 L，桥心距 H（距主片中心 h），有上、下置之分。

2) 做出夹紧盖板长度 m 及 n。

3) 以半径 $R_q = 0.75(a-m)$ 画弧，交 $0.5e_a$ 线于点 D。e_a 是 a 端卷耳半径。

4) 以半径 $R_b = 0.75(b-n)$ 画弧，交 $0.5e_b$ 线于点 E。e_b 是 b 端卷耳半径。

5) 连接 AD、DE、EB，得基本三连杆，连接 DH、EH，得基本三角形。

6) 定出中心螺栓与中心杆 DE 的交点 M。

7) 通过卷耳中心 A、B，作中心杆 DE 延长线的垂线 AF、BG（此线作为参考线）。

8) 对于任意给定的变形，如 X_r、X_c，用下式算出 f_r、f_c、g_r、g_c，并以 F、G 为中心画弧；传统式：$f_{c(r)} = X/Y = X_{c(r)}(a/b)$，$g_{c(r)} = X_{c(r)}(b/a)$；非传统式：$f_{c(r)} = X_{c(r)}Y(1+Y)/(2+Y^2)$，$g_{c(r)} = f(Z/Y)$。

9) 作 f_r、g_r、f_c、g_c 所画圆弧的切线，则可定出中心杆的回弹及压缩位置 D_rE_r，D_cE_c。

10) 对于 DE 的每一个位置都可做出三角形 DEH 等，从而决定桥的不同位置，进而以 R_H 为半径画出桥的轨迹。

11) 每厘米变形的角度变化量等于中心杆角位移除以变形 X，即 θ/X。

12) 对称簧 $\theta/X = 0$，即中心杆 DE 平移运动，实际上由于吊耳的影响，垂直位移角度仍稍受影响。

13) 吊耳影响修正的必要性，取决于作图的精度及吊耳的长度和吊耳角 β 是否过小。

(2) 修正方法

1) 在定出了给定变形下的回弹、压缩位置后，即可定出 B_r、B_c 点。

2) 以 $d_r = (g_r - U)$，$d_c = (g_c - U)$ 为半径，B_r、B_c 为圆心画弧，作 f_r、d_r 所画圆弧及 f_c、d_c 所画圆弧的切线，便可得出中心杆 DE 回弹和压缩位置的校正线（注意：变形 X_r、X_c 变为 X_r'、X_c'）。

3) 这些修正位置确定了修正角度变化率，也就是 θ'/X'，并可近似地以 R_H' 为半径做出桥的修正轨迹。

4) 变形 X_r、X_c 与 X_r'、X_c' 之差，若与弹簧尺寸相比较小时，不需修正。

为说明上述作图原理，卷耳直径夸张放大，吊耳角度有意缩小，使较大垂直位移时，吊耳偏移较大。在此情况下，对于压缩吊耳，回弹角度变化率增加，压缩角度变化率减小；而对于拉伸吊耳，则相反。

为参考之用，特将部分悬架的侧倾瞬时中心换算线刚度和横向角刚度公式汇列于表2-4之中。

表 2-4 部分悬架换算线刚度及横向角刚度公式

类型		图例	公式
相关悬架	对称板簧		换算刚度 $K = 2C$ 横向角刚度： $C_\alpha = \dfrac{1}{2} C B^2 [1 + (0.2 \sim 0.4)]$
	纵杆板簧		换算刚度： $K = 2C$ 横向角刚度： $C_\alpha = \dfrac{1}{2} C B^2 [1 + (0.2 \sim 0.4)]$
	非对称板簧		换算刚度： $K = 2C = 2\dfrac{C_1 C_2}{l_1^2 C_1 + l_2^2 C_2} l^2$ 横向角刚度： $C_\alpha = \dfrac{1}{2}(C_1 + C_2) B^2 (1.2 \sim 1.4)$
	纵横杆螺旋弹簧		换算刚度： $K = 2C$ 横向角刚度： $C_\alpha = \dfrac{1}{2} C B^2$

(续)

类型		图例	公式
相关悬架	相关单纵臂		$K = 2\left(\dfrac{m}{n}\right)^2 C$ $C_\alpha \to \infty$（不计橡胶件的影响） $C_\alpha = \dfrac{1}{2} C \left(\dfrac{m}{n}\right) B^2 \lambda$
	斜置四连杆		换算刚度： $K = 2C$ 横向角刚度： $C_\alpha = \dfrac{1}{2} C B^2$
	平衡悬架		换算刚度： $K = 2C$ 横向角刚度： $C_\alpha = \dfrac{1}{2} C B^2 [1 + (0.2 \sim 0.4)]$
独立悬架	水平单横臂（带稳定杆）		换算线刚度：$K = 2C\left(\dfrac{m}{n}\right)^2$ 弹簧横向角刚度： $C_{\alpha簧} = \dfrac{1}{2} C \left(\dfrac{m}{n} B\right)^2$ 稳定杆横向角刚度：$C_{\alpha稳} = \dfrac{1}{2} C_稳 l_C^2$ 整桥横向角刚度：$C_\alpha = C_{\alpha簧} + C_{\alpha稳}$

(续)

类型		图例	公式
独立悬架	斜置单横臂		$K = 2C\left(\dfrac{m}{n}\cos\theta\right)^2$ $C_\alpha = \dfrac{1}{2}C\left(\dfrac{m}{n}B\cos\theta\right)^2$
	水平单纵臂		$K = 2C\left(\dfrac{m}{n}\right)^2$ $C_\alpha = \dfrac{1}{2}C\left(\dfrac{m}{n}B\right)^2$
	斜置单纵臂		$K = 2C\left(\dfrac{m}{n}\cos\theta\right)^2$ $C_\alpha = \dfrac{1}{2}C\left(\dfrac{m}{n}B\cos\theta\right)^2$

(续)

类型		图例	公式
独立悬架	双横臂（臂平行销平行）		$K = 2C\left(\dfrac{m}{n}\right)^2$ $C_\alpha = \dfrac{1}{2}C\left(\dfrac{m}{n}B\right)^2$
	双横臂（臂内交销平行）		$K = 2C\left(\dfrac{ml_2}{nl_1}\cos\theta\right)^2$ $C_\alpha = \dfrac{1}{2}C\left(\dfrac{ml_2}{nl_1}B\cos\theta\right)^2$
	双横臂（臂外交销平行）		$K = 2C\left(\dfrac{ml_2}{nl_1}\cos\theta\right)^2$ $C_\alpha = \dfrac{1}{2}C\left(\dfrac{ml_2}{nl_1}B\cos\theta\right)^2$
	双横臂（臂斜交销平行）		$K = 2C\left(\dfrac{ml_2}{nl_1}\cos\theta\right)^2$ $C_\alpha = \dfrac{1}{2}C\left(\dfrac{ml_2}{nl_1}B\cos\theta\right)^2$

(续)

类型		图例	公式
独立悬架	双横臂(臂斜交销斜交)		$K = 2C \left(\dfrac{ml_2\cos\theta}{nl_1\cos\beta} \right)^2$ $C_\alpha = \dfrac{1}{2}C \left(\dfrac{ml_2\cos\theta}{nl_1\cos\beta}B \right)^2$
	滑柱连杆(麦弗逊)		$K = 8C \left(\dfrac{ml}{nB} \right)^2$ $C_\alpha = 2C \left(\dfrac{ml}{n} \right)^2$
	半拖臂		$K = 2C \left(\dfrac{m\cos\theta}{n\cos\alpha} \right)^2$ $C_\alpha = \dfrac{1}{2}C \left(\dfrac{m\cos\theta}{n\cos\alpha}B \right)^2$
	扭力杆		$K = 2C \dfrac{1-(\varphi-\alpha)\cot\varphi}{\sin^2\varphi}$ $K = 2\dfrac{GJ_p}{R^2L}\left[\dfrac{1-(\phi-\alpha)\cot\phi}{\sin^2\phi} \right]^2$ $C_\alpha = \dfrac{1}{2}\dfrac{GJ_p}{R^2L}\left[\dfrac{1-(\phi-\alpha)\cot\phi}{\sin^2\phi}B \right]^2$ α 为扭杆中应力为零时的 φ 角值

(续)

类型		图例	公式
独立悬架	摆动半轴		$K = C\left(\dfrac{m}{n}\right)^2$ $C_\alpha = \dfrac{1}{4}C\left(\dfrac{m}{n}B\right)^2$

第三节　车身的侧倾和纵倾运动

汽车在纵、横向加速度的作用下，车身必然要产生纵倾和侧倾。此种现象既影响乘坐舒适性，又不利于物资设备的安全运载。特别对于那些平顺性、顺从性和稳定性均要求较高的汽车，若不采取措施，势将产生严重后果。

下面具体研究车身的侧倾和纵倾运动。

研究车身的侧倾和纵倾运动，其目的是计算在一定加速度作用下的车身倾角。要计算车身的倾角，除已知的单个悬架的侧倾瞬时中心外，还必须掌握整车的侧倾瞬时轴线、掌握侧倾和纵倾运动的瞬时中心及力矩臂等参数。现分别研究汽车车身的侧倾和纵倾运动。

（一）侧倾运动

1. 二轴汽车侧倾运动的相关参数

二轴汽车的侧倾瞬时轴线就是前后悬架的侧倾瞬时中心 O_1 和 O_2 的连线，而侧倾瞬时中心就是过整车悬挂质体质心 C 所作的铅垂线与瞬时轴线的交点 O。注意：不是垂线，而是重力线，因为车身是相对于地面倾斜的。悬挂质体质心 C 与瞬时中心 O 连线的长度 e_r，就是侧倾力矩臂，参见图 2-47。

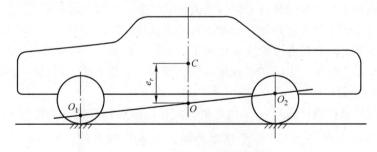

图 2-47　二轴汽车的侧倾参数

在已知前、后悬架悬挂质体质量 m_1 和 m_2 的前提下，利用图 2-47 的关系，可求得 e_r 值的计算公式为

$$e_r = \frac{(h_1+e_1)m_1 + (h_2+e_2)m_2}{m} - \left(h_1 + \frac{|h_1-h_2|a}{L}\right) \tag{2-87}$$

式中　h_1、h_2——前后悬架瞬时中心离地高度；
　　　a——悬挂质体质心至前轴的距离；
　　　L——轴距。

2. 多轴汽车侧倾运动的相关参数

研究多轴汽车的侧倾运动，首先要关心的是如何确定侧倾瞬时轴线和侧倾力矩臂。必须指出如何克服多轴汽车这个超静定体在侧倾时车身出现的矛盾，设计上应当注意些什么。

(1) 侧倾瞬时轴线

二轴汽车前后悬架侧倾中心的连线便是侧倾瞬时轴线。多轴汽车还有侧倾瞬时轴线吗？

这是因为二轴汽车的侧倾瞬时轴线只是两个点的连线。两点成一线，而三点就不一定在一条直线上了。三轴以上的多轴汽车有 n 个悬架，n 个悬架就有 n 个侧倾中心，而 n 个高低不一的点，就很有可能构成（$n-1$）条直线了，参见图 2-48。

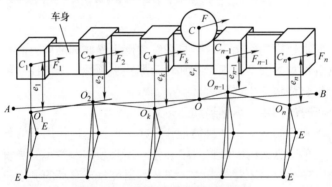

图 2-48　多轴汽车的侧倾瞬时轴线

在图 2-48 中，相邻悬架的侧倾瞬时中心的连线有（$n-1$）条，这对于多轴车辆的侧倾运动来说，无疑是一个超静定的矛盾体。然而，多轴汽车照样在转弯。根据同轴侧倾原则，能转弯就说明依然存在一个统一的侧倾瞬时轴线。图 2-48 中的 $\overline{AB}$ 轴线就是这条侧倾瞬时轴线。

这条轴线并不通过所有悬架的侧倾瞬时中心，它是一根调和轴线，是矛盾统一的结果。当侧倾运动矛盾发生时，首先是各悬架的负荷发生改变，从而克服各相关部位的间隙，使相关弹性元件和杆件产生变形，并使各悬架导向机构位移，侧倾瞬时中心位置发生变化。如果这尚不足以使矛盾统一，还有可能使车身和相关部件遭到破坏，耗损能量，缩短汽车的使用寿命。多轴汽车转弯时所发出的"吱吱嘎嘎"的噪声，正是这个矛盾统一过程的反映。

(2) 侧倾力矩臂

在已知各悬架悬挂质体质量 m_i（由负荷分配计算得到）和侧倾力矩臂 e_i 的前提下，利用各悬架侧倾力矩之和 $\sum m_i j e_i$ 等于整车侧倾力矩 $m j e_r$ 的条件，可以求得一个当量力矩臂 e_r：

$$e_r = \frac{\sum_{i=1}^{n} m_i e_i}{m} \tag{2-88}$$

式中 m——整车悬挂质体质量。

式（2-88）中 e_i 的确定是较为困难的。为较方便地给出 e_r 值，也可采用下述的近似方法：

当已知各悬架侧倾瞬时力矩中心 O_i 的离地高度 h_i 之后，可以找出一个整车平均高度 $h = \sum_{i=1}^{n} h_i / n$。至此，便可粗略地认为整车当量力矩臂 e_r 就是整车悬挂质体质心的高度 H' 与整车平均侧倾力矩中心高度 h 之差，亦即

$$e_r = H' - \sum_{i=1}^{n} h_i / n$$

有了这个当量力矩臂，不仅可以计算车身的侧倾角，而且还可以根据整车悬挂质体质心的位置，找出整车侧倾瞬时中心 O 的位置。然后，再根据高低不一的 O_i 的位置，过点 O 画出一条调和的侧倾瞬时轴线。

（3）设计要点

为延长多轴汽车的使用寿命，降低能量损耗，保证侧倾转动的顺畅性，必须在设计中解决侧倾运动的矛盾，其办法主要是掌握下述两个原则：

1）同轴侧倾原则。所谓"同轴侧倾原则"，就是要使各轴悬架的侧倾瞬时中心 O_i 同时落在同一条瞬时轴线上。若能使 O_i 的 z 坐标都相等，那么轴线便是水平的；若不能使 O_i 的 z 坐标相等，那也须在高度位置上基本保持一致性。无论轴线是前高后低，还是前低后高均可以。这个要求是可以通过各悬架导向机构的设计来实现的。

2）等角侧倾原则。能使点 O_i 同时都落在侧倾瞬时轴线上当然是好的，但这还是远远不够的。因各轴悬架的负荷 P_i 和质量 m_i 是不相等的，侧向力 $F_i = m_i j$ 也是不一样的，侧倾力矩臂 e_i 也因质心高度不等而不等，因此，各悬架的侧倾力矩 $M_i = F_i e_i$ 就不一定相等。加之各悬架的角刚度 $C_{\alpha i}$ 也不相等，这就使各轴悬挂质体的侧倾角 $\alpha_i = M_i / C_{\alpha i}$ 互不相等。α_i 各不相等，必带来车身侧倾运动的矛盾，使车身承受一系列的附加载荷。

消除这些附加载荷的有效办法就是"等角侧倾原则"，也就是在同一侧向加速度作用下，使 α_i 等于车身的总侧倾角 α，亦即 $\alpha_i = \alpha$，或者 $M_i / C_{\alpha i} = M / C_\alpha$，$M$ 是侧倾总力矩。假设 P 为悬架总负荷，C_α 为整车横向角刚度，$C_\alpha = \sum C_{\alpha i}$，那么，$P_i e_i / C_{\alpha i} = P e_r / C_\alpha$，由此可得各悬架等角侧倾角刚度的表达式：

$$C_{\alpha i} = \frac{P_i e_i}{P e_r} C_\alpha \tag{2-89}$$

由式（2-89）可知，各轴悬架的角刚度若能按其匹配，车身就能保持等角侧倾。值得注意的是：无论是"同轴侧倾原则"还是"等角侧倾原则"，可调性最强的是改变 e_i 值，也就是调整侧倾瞬时中心 O_i 的高度。

当很难实现 $\alpha_i = \alpha$ 时，也要避免 α_i 和 α_{i+1} 的数值相差过大。

（4）侧倾角

在已知侧倾轴线和侧倾力矩臂 e_r 的前提下，假定全车单边换算刚度为 K，并设车身在侧向加速度 j 的作用下，相对于地面倾斜了一个不大于5°的 α 角，那么便可根据外力矩 $M_{外}$ 与反倾力矩 $M_{反}$ 构成平衡的关系，求得车身侧倾角 α 的表达式，参见图2-49。

由图2-49可知，外力矩 $M_{外} = mje_r + mg\alpha e_r$，而反倾力矩 $M_{反}$ 等于弹簧变形力 $F = K\delta f$，

亦即 $M_反 = K\delta fB = K\left(\frac{1}{2}B\alpha\right)B = \frac{1}{2}KB^2\alpha$。由于整车横向角刚度 $C_\alpha = \frac{1}{2}KB^2$，于是 $M_反 = C_\alpha\alpha$。若用 G' 代替 mg，那么便有：

$$mje_r + G'e_r\alpha = C_\alpha\alpha \text{ 或 } mje_r = (C_\alpha - G'e_r)\alpha$$

解此式便可得到车身侧倾角的表达式：

$$\alpha = \frac{j/g}{\dfrac{C_\alpha}{G'e_r} - 1} \text{（单位为 rad），或者}$$

$$\alpha = \frac{180}{\pi}\frac{j/g}{\dfrac{C_\alpha}{G'e_r} - 1} \text{（单位为°）} \qquad (2\text{-}90)$$

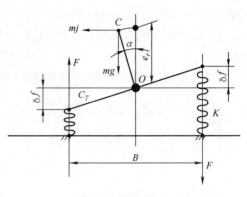

图 2-49 车身侧倾角

式中 g——重力加速度；
   C_α——整车横向角刚度（N·m/rad）；
   G'——整车悬挂质体载荷（N）；
   e_r——侧倾力矩臂（m）。

(5) 计算示例

某车型的相关参数如下：
$G' = 73500\text{N}$，$C_\alpha = 1287900\text{N·m/rad}$，$e_r = 1\text{m}$，若取 $j = 0.4g$，那么

$$\alpha = \frac{180}{\pi}\frac{j/g}{\dfrac{C_\alpha}{G'e_r} - 1} = \frac{0.4}{\dfrac{1287900}{73500\times 1} - 1} \times \left(\frac{180}{\pi}\right) \approx 1.39°$$

（二）纵倾运动

车身相对于地面的纵倾运动，最为重要的就是计算车身的纵倾角。要计算纵倾角，就必须确定纵倾瞬时中心（轴线）和纵倾力矩臂，这是与车身纵倾运动相关的重要参数。

1. 车身纵倾运动的相关参数

多轴汽车的纵倾瞬时中心是车身绕地面转动的纵倾瞬时轴线在 xz 平面的投影点。它关系着纵倾力矩臂的大小和车身稳定性等问题。

确定多轴汽车纵倾瞬时中心的步骤如下：

1）确定各车轴悬架的纵倾悬架瞬时中心。
2）确定各车轴驱动力或制动力矩的分配系数。
3）寻找各车轴约束反力合力 N_i 所构成的总合力 N 的作用线与中性面的交点。

由于各车轴悬架约束反力 N_i 的作用线必然通过车轮着地中心与纵向悬架中心，其大小比例由分配系数决定，特别是 N_i 的投影必等于驱动力 P_i 或制动力 P_{ri}。由此，便可找出整车的约束反力合力 N 的大小和方向，进而求得 N 与中性面的交点。这个交点，就是纵倾瞬时中心 O。过点 O 所作的垂直于 xz 平面的直线就是纵倾瞬时轴线。若已知车身质心 C 的位置，便确定了纵倾力矩臂 e_t 的大小。

确定纵倾瞬时中心的具体办法是：对各轴约束反力 N_i 采取逐一合并的办法，也就是先对 N_1、N_2 进行合并，得出 N_{12}，再把 N_{12} 和 N_3 合并得出 N_{123}……这样继续下去，直至把 N_n 合并，得出总约束反力 N_n 为止。

为对纵倾瞬时中心的做法有深入的了解，特以二轴汽车和三轴汽车为例加以说明。

（1）二轴汽车制动时的纵倾瞬时中心

图2-50 所示为二轴汽车前双横臂、后双纵臂悬架制动时的受力情况。当制动时，前后轮着地中心处作用着制动力 $P_{\tau 1}$ 和 $P_{\tau 2}$，车身承受已知大小和方向的作用力 N_1 和 N_2。当把 N_1、N_2 沿作用线移至其交点处后，便可合并成已知大小和方向的合力 N。N 与中性面的交点 O，便是其制动时的纵倾瞬时中心。其位置高度与悬挂质体质心高度之差，就是制动时的纵倾力矩臂 e_r。

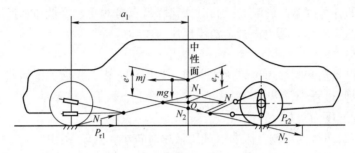

图2-50 前双横臂、后双纵臂悬架制动时的纵倾力矩中心

作为 4×2 汽车，当其行驶时，前导向机构对车身没有作用力，合力作用线就是 N_2 的作用线。N_2 作用线与中性面的交点，就是驱动时的纵倾力矩中心。其位置高度与悬挂质体质心高度之差就是力矩臂 e'。

（2）三轴汽车制动时的纵倾瞬时中心

图2-51 所示为独立三轴汽车制动时的受力情况。该车悬架前轴为双横臂，中轴为单纵臂，后轴为双纵臂。图中的点 O 就是纵倾瞬时中心。它是约束反力总合力 N 与中性面的交点，同时也是纵倾瞬时轴线在 xz 平面上垂直穿过的点，而 e_r 就是纵倾力矩臂。

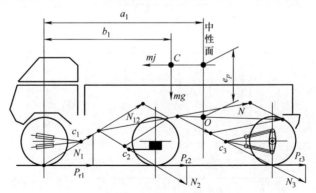

图2-51 三轴汽车制动时的纵倾瞬时中心（轴线）

由图2-51 可知，在中性面位置已定的情况下，瞬时中心 O 高度仍是可以调整的，力矩臂 e_r 的大小也是可以调整的。因为这两个参数完全取决于总约束反力 N 的大小和方向。而总约束反力又取决于各轴约束反力 N_i 的大小和方向；N_i 的大小和方向又取决于各轴悬架的形式和布置参数以及制动力矩分配系数。所以纵倾瞬时中心 O 的位置以及力矩臂的大小都是可调的，是具有极强的可设计性的。

例如各轴悬架瞬时中心 C_i 如果在轴前、轴后互换位置，那么各轴约束反力 N_i 的方向就必将发生变化，等等。

2. 多轴汽车的纵倾角

计算分析车身倾角和角加速度，是研究车身稳定性的首要课题。然而，在以往不仅没有见到多轴汽车车身倾角的计算方法，就是二轴汽车的纵向倾角公式，也尚未考虑簧载质体质心面不与中性面重合的一般情况。特别对于角加速度和那些影响车身倾斜的因素，更未给以本质的揭示。本书将利用"力矩改变量法"建立多轴汽车纵向倾角及角加速度的表达式，并简析与之相关的各种因素的影响。尤其对如何降低车身倾角、降低角加速度以及车身稳定性和操纵稳定性的矛盾等问题也进行了初步探讨。

（1）公式的建立

在建立车身纵倾角和角加速度表达式之前，为简化分析，先做如下假定：

1) 在车身纵倾过程中，纵倾瞬时中心相对于簧上、簧下质体不动。
2) 视纵向加速度为常数。
3) 忽略非簧载质量的影响。因非簧载质量相对较小，且轮胎刚度也较大。
4) 忽略各关节部位的摩擦和橡胶元件变形的影响。
5) 不计滚动阻力和空气阻力的影响。

下面就以"力矩改变量法"来确立多轴汽车车身纵倾时的最大倾角和角加速度。"力矩改变量法"既能反映负荷的变化，又能反映力臂的变化。

由图 2-52 可知，质量为 m 的悬挂质体（车身），在制动减速度 j 的作用下，距各轴为 b_i 的质心 c 处，同时作用有重力 mg 和惯性力 mj。二力对 j 同时产生的距各轴为 a_i 的纵倾瞬时中心 O 所产生的外力矩为 M_O，这个外力矩迫使车身绕着过点 O 的 y 向瞬时轴线加速地转过一个角度 β。

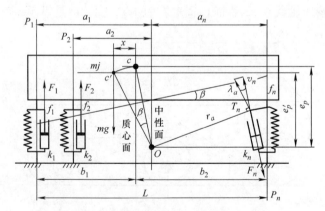

图 2-52 多轴汽车车身纵倾的力学模型

由此引起下列三个反倾力矩：一是车身各质点对过点 O 的 y 向轴线的转动惯量 I_O 与角加速度 $\ddot{\beta}$ 一起提供的惯性阻力矩 M_i，二是由换算线刚度为 K_i 的各轴弹簧的变形力 P_i 对点 O 所取的弹簧力矩 M_s，三是由压缩（拉伸）阻力系数为 K_i 的各轴减振器的阻尼力 F_i 对点 O 所取的阻尼力矩 M_d。这些反倾力矩时刻与外力矩构成平衡，亦即

$$\sum M = M_o + M_i + M_s + M_d = 0 \tag{2-91}$$

M_o 的确定：当倾角从零变到 β 时，质心位移到了点 c'。此时，惯性力 mj 和重力 mg 均未发生变化，但倾覆力矩臂却由 e_p 变为 e'_p，重力臂也增大了 x，于是

$$M_o = mje'_p + mg[(a_1 - b_1) + x] - mg(a_1 - b_1)$$

由于 β 一般不大于 $5°$，所以 $e' = e_p - (a_1 - b_1)\beta$，$x = e_p\beta$。若令 $(a_1 - b_1) = R_i$，并把 R_i 叫作二面距，于是

$$M_o = mje_p + (mge_p - mjR_i)\beta \tag{2-92}$$

M_i 的确定：惯性力矩等于转动惯量与角加速度之积，亦即

$$M_i = -I_O\ddot{\beta} \tag{2-93}$$

M_s 的确定：当倾角从零变到 β 时，反倾力矩臂 a_i 虽然没有发生变化，但各轴的力却产生一个改变量 P_i，进而产生了力矩改变量：

$$M_s = -\sum_{i=1}^n P_i a_i = -\sum_{i=1}^n K_i f_i a_i = -\sum_{i=1}^n K_i a_i^2 \beta$$

若令 $\sum_{i=1}^n K_i a_i^2 = C_\beta$，并把 C_β 叫作纵向角刚度，那么

$$M_s = -C_\beta \beta \tag{2-94}$$

M_d 的确定：当倾角从零变到 β 时，各轴减振器的上支点 T_i 均以角速度 $\dot{\beta}$ 绕点 O 转过 β 角。若点 T_i 与点 o 的距离为 r_i，那么点 T_i 的线速度为 $\dot{\beta}r_i$，减振器活塞的相对速度 $V_i = \dot{\beta}r_i\cos\lambda_i$。$\lambda_i$ 是减振器轴线与 $\overline{OT_i}$ 线的垂线的夹角。阻尼力 $F_i = k_i\dot{\beta}r_i\cos\lambda_i$。于是，各减振器对点 O 的有效总阻尼力矩为 $M_d = -\sum_{i=1}^n k_i r_i^2 \cos^2\lambda_i \dot{\beta}$。

若把 k_β 叫作纵向角阻尼，并令

$$k_\beta = \sum_{i=1}^n k_i r_i^2 \cos^2\lambda_i \tag{2-95}$$

于是，总阻尼力矩为

$$M_d = -k_\beta \dot{\beta} \tag{2-96}$$

当把式（2-92）、式（2-93）、式（2-94）和式（2-96）代入式（2-91），并令角速度 $\dot{\beta}$ 和角加速度 $\ddot{\beta}$ 均等于零时，便可解得车身的最大纵倾角：

$$\beta_m = \frac{j/g}{(C_\beta/G_s e_p - 1) \pm R_i j/e_p g} \tag{2-97}$$

式中　　g——重力加速度；

　　　　j——纵向加速度（g）；

　　　　G_s——簧载负荷（N）；

　　　　e_p——倾覆力矩臂，（m）；

　　　　C_β——纵向角刚度，（N·m/rad），$C_\beta = \sum_{i=1}^n K_i a_i^2$；

　　　　K_i——各轴弹簧和轮胎的换算组合线刚度（N/m）；

　　　　a_i——各轴至中性面的距离（m），$a_i = \sum_{i=1}^n K_i l_i / \sum_{i=1}^n K_i$；

　　　　l_i——各轴至第一轴的距离（m）；

R_i——二面距（m），$R_i = a_1 - b_1$；

b_1——第一轴至簧载质体质心面的距离（m）。

式（2-97）的正负号，"点头角"取正，"仰头角"取负。

式（2-97）亦可用于计算最大侧倾角。此时，除应将 j 视为侧向加速度外，还应将 β_m 改为 α_m，c_β 改为 c_α，e_p 改为 e_r，并把 K_i 视为左右轮的换算组合线刚度。

在横向角刚度 C_α 中，除应包括各轴弹簧的横向角刚度外，还应包括各轴横向稳定装置的角刚度。式（2-97）的正、负号，在横向上的内倾取正，外倾取负。

把式（2-92）、式（2-93）、式（2-94）和式（2-96）代入式（2-91），还可得到纵向角加速度的表达式：

$$\ddot{\beta} = a + k\beta \tag{2-98}$$

初值：$a = G_s e_p j / I_0 g$

斜率：$k = -\dfrac{1}{I_0}(C_\beta + k_\beta/t + G_s R_i j/g - G_s e_p)$

式中的 I_0 为簧载质体对力矩中心 o 的转动惯量，t 为倾角达到 β 时的时间。

（2）公式的分析

1）倾角公式。由式（2-97）可知，车身倾角除随悬架负荷 G_s 增大外，还有许多影响它的相关因素：

① 加速度。纵、横向加速度 j 越大，车身最大倾角 β_m 就越大。j 与 β_m 近似于线性关系。

② 二面距。二面距 R_i 有着较深的内涵：如果 $R_i = a_1 - b_1$ 为正值，制动过程中，质心 C 下降，力矩臂 e_p 缩短，β_m 相对减小；而加速过程则完全相反。此外，R_i 为正值，各轴偏频 n_i 是前低于后。一般要求 $n_n/n_1 = 1.05 \sim 1.15$。若 $R_i = 0$，则各轴偏频相等。

③ 角刚度。角刚度与车身倾角成反比。由公式 $C_{\alpha(\beta)} = \sum C_i a_i^2$ 可知，要提高角刚度，就得提高换算线刚度 K_i 和各轴（轮）至中性面的距离 a_i。提高 K_i 是不适宜的，因为这将使平顺性变坏。提高角刚度的有效途径在横向上是增大轮距（簧心距）B_i，在纵向上是增大总轴距 L，因为它们是平方关系。在 L 已定的情况下，各中间轴则应远离中性面。例如，独立三轴汽车，其中轴若置于中性面上，则不起抵抗车身纵倾的作用。

对于横向，在 B_i 已定的情况下，若各轴二面距 $R_i = 0$，且左右悬架换算线刚度均等于 K_i，那么角刚度 $C_{ai} = \dfrac{1}{2} K_i B_i^2$。若 $R_i \neq 0$，则角刚度

$$C_{ai} = \dfrac{1}{2} K_i B_i^2 \left[1 + \left(\dfrac{2R_i}{B_i}\right)^2 \right] \tag{2-99}$$

式（2-99）说明，负荷偏置将提高横向角刚度，但这是不可取的。为统一车身稳定性和平顺性这一矛盾，往往通过加装稳定装置来提高角刚度。特别是在空气悬架和那些平顺性要求较高的汽车上，稳定装置的角刚度在总角刚度中占有相当比例，例如林肯轿车约占 41%。

为有效发挥横向稳定装置的作用，除须加大立柱中心距外，立柱还需沿侧倾瞬时速度方向布置。

板簧因自身宽度的抗扭作用，将使横向刚度增加 10%～30%。

然而，过大的角刚度将使车轴和车身的角频率增加，负荷转移过大，相关零部件载荷增大，轮胎磨损加剧，乃至车轮离地并使平顺性、顺从性和操稳性变坏等。式（2-100）可作为合适角刚度值的检验规范：

$$C_\beta \geq \left[\left(1 + \frac{j}{\beta_m g}\right)e_p + R_i \frac{j}{g}\right]G_s \tag{2-100}$$

当 $j = 0.4g$ 时，一般可分别取纵倾角 $\beta_m \leq 1.2°$，侧倾角 $\alpha_m \leq 3.3°$。若忽略二面距 R_i 的影响，角刚度的参考限值为

$$横向：C_\alpha \geq 8e_r G_s \tag{2-101}$$

$$纵向：C_\beta \geq 20e_p G_s \tag{2-102}$$

④ 力矩臂。在同一加速度 j 的作用下，力矩臂 e 越大，外力矩和车身倾角就越大。由于力矩臂是瞬时中心 o 与簧载质体质心相对于地面高度的代数差，因此，在点 c 已定的情况下，点的位置不仅决定着 e 值的大小，而且还决定着 e 值为正、为负或为零。e 值为零，倾角为零；e 值为负，车身倾斜方向与惯性力方向相反。力矩中心 O 的位置，完全由悬架设计所决定。

侧倾力矩臂：作为二轴汽车，车身系绕着一个共同的侧倾瞬时轴线倾斜，而侧倾瞬时轴线则是前后悬架瞬时中心 O_1、O_2 的连线，过质心 c 向地平面所作的垂线与侧倾瞬时轴线的交点便是侧倾瞬时中心 o。因此，只要确定了点 O_1、O_2，就确定了点 O，进而确定了侧倾力矩臂 e_r 的大小，亦即

$$e_r = h_g \pm \frac{b_1 h_r + b_2 h_f}{L} \tag{2-103}$$

式中　L——二轴汽车的轴距（m）；

b_1、b_2——质心至前、后轴的距离（m）；

h_f、h_r——前后悬架瞬时中心 O_1、O_2 的离地高度（m）。

式中的正负号这样决定：若侧倾瞬时中心 O 在地平面之上，则取负，在地平面之下，则取正。注意，当质心 c 低于瞬时中心 O 时，e_r 为负值，此时车身反倾。

h_f 和 h_r 则须由具体的悬架机构所确定。例如钢板弹簧悬架，如果 h_{11}（h_{21}）和 h_{12}（h_{22}）分别为前（后）板簧与车身前后铰点的离地高度，l_{11}（l_{21}）和 l_{12}（l_{22}）分别为前（后）板簧与车身前后铰点至轴心线的距离，那么，前后悬架瞬时中心高度为

$$h_f = \frac{h_{11} l_{12} + h_{12} l_{11}}{l_{11} + l_{12}} \tag{2-104}$$

$$h_f = \frac{h_{21} l_{22} + h_{22} l_{21}}{l_{21} + l_{22}} \tag{2-105}$$

对于多轴汽车，由于各轴力矩中心 O_i 的高度 h_i 互不相等，因此就很难找到统一的侧倾轴线。然而，由于各轴侧倾力矩之和 $\sum M_i$ 等于总侧倾力矩 M_0，故由此可得多轴汽车换算侧倾力矩臂的表达式：

$$e_r = \sum_{i=1}^{n} m_i e_i / m \tag{2-106}$$

由于各轴悬架质量 $m_i = (1 + b_i/R_0)K_i e_i m/K$，所以

$$e_r = \sum_{i=1}^{n} \left(1 + \frac{b_i}{R_0}\right)\frac{K_i}{K} e_i \tag{2-107}$$

式中 K——整车组合线刚度（N/m），$K = \sum K_i(1 + b_i/R_0)$；

R_0——摆振中心距（参见本章第四节）（m），$R_0 = -\sum K_i b_i^2 / \sum K_i b_i$；

e_i——各轴侧倾力矩臂（m）。

当某轴侧倾瞬时中心高于该轴悬架质量质心时，其侧倾力矩臂应取负值。

在各轴悬挂质体质心已定的情况下，e_i 的大小取决于点 O_i 的高低。一般来说，点 O_i 升高，e_i 减小。

点 O_i 不能随意升高。过高，在侧向力的作用下，弹簧和车轴等将受到一个较大的力矩。特别当车轮着地点处受到一个侧向力时，冲击易于传递到车身上去。

点 O_i 的高低，还将影响操纵稳定性。例如 BJ212 汽车，原板簧上置，点 O_i 较高，转向横拉杆球头的运动方向就和转弯方向一致，造成过多转向。板簧下置，点 O_i 降低，就变成不足转向。这就是车身稳定性与操纵稳定性在横向上的矛盾。

倾覆力矩臂：要确定倾覆力矩臂的大小，就必须确定倾覆瞬时中心 O 的位置。点 O 就是整车约束反力合力 N 的作用线与中性面的交点，而 N 又是由各轴悬架导向机构对车身作用力的合力 N_i 所组成。因此，只要对 N_i 按比例采取逐一合成的办法，便可最终确定 N 的大小和方向，参见前文。

2）角加速度公式。对人员乘坐和物资运载构成威胁的，主要不是车身倾角 β 的大小，而是角加速度 $\ddot{\beta}$ 的高低。

由式（2-98）可知，$\ddot{\beta}$ 近似于 β 的线性函数。因此，要降低 $\ddot{\beta}$，首先就得降低初值 $a = G_s e_p j / I_0 g$。而初值除与加速度 j、悬架负荷 G_s 和力矩臂 e_p 成正比外，还与车身对瞬时中心 O 的转动惯量 I_0 成反比。因此，在用车中，制动不宜过猛，转弯不宜太急；在设计中，载荷要远离瞬时中心布置，特别是要尽可能缩小力矩臂。

其次，要降低 $\ddot{\beta}$，还得降低斜率 k。由于 C_β 远大于 $G_s e_p$，所以 k 是负值。降低 $\ddot{\beta}$ 的有效措施，除降低悬架负荷 G_s 和减小力矩臂 e_p 外，主要工作就是要提高角刚度 C_β 和增大角阻尼 k_β。

角阻尼决定于减振器，它虽不影响车身的最大倾角，但对于"点一下"就放开的制动，却因响应滞后而达不到相应加速度 j 的倾角。特别是能够延缓达到最大倾角的时间。由式（2-95）可知，减振器的布置角度、位置以及阻尼的大小都将影响 k_β 值。

为充分发挥减振器的效能，其布置方向，为抵抗车身倾斜，应与上支点的速度方向一致。然而，在平时衰减振动时，又应与下支点的速度方向一致。因此，应综合考虑以决定其合理的布置角度。

增大 k_β 值最为有效的措施是增大 r_i 值，因它是平方关系。因此，减振器应布置在车轴相对于中性面的外侧。

增大阻力系数 k_i 亦能增大 k_β，但这是受平顺性对阻尼比的要求所限制的。不过可以采取如下协调措施：由于制动远比加速强烈，故可在不改变周期阻力系数 k_i 的前提下，在压、拉比 $\lambda = k_p/k_i$ 的取值范围内，使中性面前的减振器的压缩阻力系数 k_{pi} 和中性面后的减振器的复原阻力系数 k_{ri} 相对加大。这样，既可降低制动角加速度，也不致过大地传递地面冲击。

此外，增大二面距 R_i，亦能使 $\ddot{\beta}$ 衰减。但此项因素影响不大。

3) 瞬时中心的位移。在车身倾斜过程中，约束反力合力 N 的大小和方向时刻都在发生变化，所以瞬时中心也在不停地改变位置，从而使力矩臂、外力矩、角加速度等都在不停地变化，且导致车身最大倾角的最终改变。

① 负荷转移的影响：在车身倾斜过程中，随着负荷转移量的变化，悬架弹性元件和轮胎的变形量发生改变。这就改变了悬架瞬时中心的位置和推杆角 φ 的大小。此时，不管制动力和侧向力是否发生变化，合力 N 的大小和方向都将发生变化，从而带来瞬时中心的升降和力矩臂的增、减。

若设车身倾角为 β，R_i 为各悬架的推杆长，那么此刻各悬架的推杆角为

$$\varphi'_i = \arcsin\left(\sin\varphi_i \pm \frac{\alpha_i\beta}{R_i}\right) \tag{2-108}$$

式（2-108）中的正负号，取决于瞬时中心所在的象限，可按图 2-53 决定。

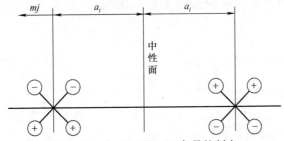

图 2-53　式（2-108）正负号的判定

② 轮胎气压的影响：制动力或侧向力的大小，决定着约束反力 N_i 的大小。而 N_i 又影响总约束反力 N 的方向和大小。N 的方向的改变，改变了瞬时中心的位置。然而，$P_{\tau i}$ 的大小，在无防抱死装置汽车的制动情况下，当制动减速度 j 足够大时，则取决于各轴负荷和附着情况。在同一路面和同种轮胎情况下，附着则与轮胎气压有关。气压的降低与提高，可使 $P_{\tau i}$ 值和 N_i 值有一个从零到极大值之间的变化，从而使力矩臂也有一个从最小到最大的变化。例如在二轴车的情况下，当 $P_{\tau 2}$ 和 N_i 均为零时，则纵倾瞬时中心的位置是在下；当 $P_{\tau 1}$ 和 N_1 为零时，则纵倾瞬时中心的位置是在上。这就是力矩臂的变化区间。特别是当中性面的位置 a_1 发生变化时，e 值的增大或减小，还可能有着相反的变化等。

当由正常制动转入抱死车轮的瞬间，e 值将产生一个突变。不同车轮抱死的先后，亦将影响到瞬时中心位置的变化趋势。瞬时中心的位移问题是较为复杂的，只有把 β 和 $\ddot{\beta}$ 的瞬时值记录下来，才能进一步认识其变化规律。

第四节　车身的摆振运动

汽车车身在地面冲击载荷（垂直振动加速度）的作用下，将产生相对于地面的跳动。这个跳动不一定都是平上平下的运动，而是绕着一个偏摆（deflaction）瞬时中心（轴线）做摆振运动。

这一理念的提出是和研究多轴汽车负荷分配的问题紧密相关的。多轴汽车负荷分配问题

是一个超静定问题。为解决这一问题,曾有不少汽车工作者做了大量的工作,发表了不少论文。在经历长期摸索之后,终于有人利用"变形一致性"原则,参照计算坦克承载轮负荷的办法,解决了多轴汽车负荷分配的问题。

然而,在车轴数较多的情况下,这个方法还尚嫌麻烦,且在理论上也不够完善。非对称钢板弹簧偏摆中心的计算方法,给了作者以启示,从而提出了摆振瞬时中心(轴线)这一理念,参见图2-54,图中点 O 是偏摆中心。

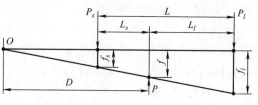

图 2-54 非对称钢板弹簧的偏摆中心距

假设非对称板簧的非对称度 $Y = L_l/L_s$,那么,偏摆中心距为

$$D = \frac{YL}{Y^2 - 1} \tag{2-109}$$

下面具体确定多轴汽车的摆振瞬时中心(轴线),亦即推求摆振瞬时中心距的计算公式。

一、摆振瞬时中心(轴线)距

图 2-55 是一个多轴汽车(多簧质量系统)的力学模型,它所在的平面是汽车的几何中心面。图中的点 C 是悬挂质体的质心,K_i 是各轴悬架的换算线刚度。若在悬挂质体质心处作用一个垂直载荷 P,质体将绕着一个摆振瞬时中心 O(垂直振动中心)做角位移运动。摆振瞬时中心到悬挂质体质心面的距离 R_0,便是所谓的摆振瞬时中心距。知道了 R_0,便为计算各轴悬架的变形和负荷分配等打下了基础。

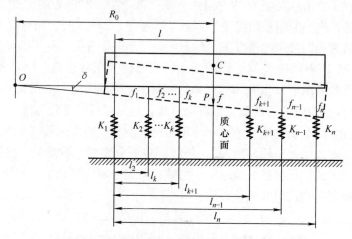

图 2-55 车身绕摆振瞬时中心(轴线)摆振

假定系统由刚度为 K_i 的 n 个弹簧并联组成,地面平整,悬挂质体为一刚体,其质心面在第 k 和 $k+1$ 个弹簧之间。k 为从 1 到 $(n-1)$ 之间的任意正整数。当在质心面处作用一个垂直载荷 P 时,悬挂质体便绕摆振瞬时中心 O(轴线)产生一个角位移 δ。此时各簧的垂直位移为 f_i,质心的垂直位移为 f。

由力矩平衡关系可得

$$\sum_{i=1}^{n} K_i f_i (l - l_i) = 0 \tag{2-110}$$

由图 2-54 的几何关系可得

$$\frac{f_i}{R_0 - (l - l_i)} = \frac{f}{R_0} \tag{2-111}$$

将式（2-111）变为 $f_i = \left(1 - \dfrac{l - l_i}{R_0}\right) f$，并代入式（2-110）后可得

$$R_0 = \frac{\sum_{i=1}^{n} K_i (l - l_i)^2}{\sum_{i=1}^{n} K_i (l - l_i)} \tag{2-112}$$

式中 R_0——摆振瞬时中心（轴线）距（mm）；

K_i——各轴悬架换算线刚度（N/mm）；

l——质心面至第一轴的距离（mm）；

l_i——各簧至第一簧的距离（mm）。

摆振瞬时中心距是系统中的固有特性参数，除变刚度簧外，一般不受外力影响。如果式（2-112）中的分母为零，则 $R_0 \to \infty$，瞬心在无穷远处。这意味着质心面与中性面重合，此时，车身只产生平上平下的运动。

如果 R_0 为正值，说明摆振中心 O 在图 2-54 的左侧，一轴弹簧变形小于 n 轴。

如果 R_0 为负值，说明摆振中心 O 在图 2-54 的右侧，一轴弹簧变形大于 n 轴。

对于汽车的实际情况，摆振中心一般都在车体右端外侧。

车身载荷的变化，虽然一般不会改变 R_0 的数值，但必将改变点 O 的 Z 坐标值。

弄清了车身的摆振运动，确定了摆振瞬时中心（轴线）的位置，就为研究多轴汽车的负荷分配和越障等问题打下了基础。

二、多轴汽车的负荷分配

负荷分配是汽车总布置设计和悬架设计的基础工作。对于二轴汽车来说，它只不过是个十分简单的杠杆比的问题，然而对于车轴数 $n \geq 3$ 的多轴汽车而言，它却是一个较为复杂的超静定问题。然而，有了摆振运动的假设，知道了摆振瞬时中心距 R_0，这个问题便迎刃而解了。

为解决多轴汽车的负荷分配计算，汽车科技人员下了不少功夫，曾分别对 3~5 轴的汽车建立了计算模型。但模型存在如下问题：表达式是较为复杂的隐函数，只能用计算机计算；不具通用性，只能对某一车轴数的汽车进行计算；车轴数 n 较大时，建立模型就十分困难；只能对现有车辆进行检验计算，不能进行设计计算。

本书利用车体绕摆振瞬时中心（轴线）摆振的假设，建立了 n 轴汽车负荷分配的计算模型，得到了相应的便于操作的显式函数，具有通用的广义性。

本书不仅建立了 n 轴汽车负荷分配的检验计算方法，而且建立了新车设计负荷分配的设计计算方法。它包括等刚度负荷分配法、等频率负荷分配法以及均布轴荷分配法等。下面分别介绍。

（一）负荷分配检验计算

1. 公式的建立

在已知整车负荷（悬挂质体负荷）P、整车质心（悬挂质体质心）至第 1 轴的距离 l、各轴至第 1 轴的距离 l_i 以及各轴悬架刚度 C_i 的情况下，利用图 2-56 的力学模型，来建立各轴轴荷（悬架负荷）P_i 的检验计算公式。检验计算其实也是设计计算的一种手段，是为设计计算服务的。

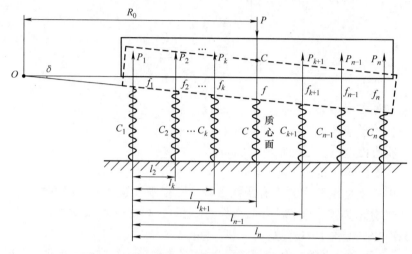

图 2-56 多轴汽车的负荷分配

图 2-56 是一个与多轴汽车对应的多簧质量系统的力学模型，它由刚度为 C_i（双边弹簧刚度 C_s 与双边轮胎刚度 C_t 的串联组合刚度）的 n 个弹簧并联组成。各簧（轴）至第 1 弹簧（轴）的距离为 l_i。系统为一刚性质体，其质心面至第 1 弹簧（轴）的距离为 l。

假定地面坚实平整，并在系统的质心面处作用一个垂直载荷 P，质体将绕摆振瞬时中心 O 转过一个 δ 角，且各簧将产生一个垂直变形 f_i，质心面处的垂直位移为 f。

设各轴的负荷（弹簧的变形力）为 P_i，而 $P_i = C_i f_i$，因 C_i 为已知参数，故只要求出了 f_i，负荷分配问题就解决了。

由式（2-111）的关系可得

$$f_i = \left(1 - \frac{l - l_i}{R_0}\right) f \tag{2-113}$$

式中　R_0——摆振瞬时中心（轴线）到质心面的距离。

由于质心面处的位移 $f = P/C$，P 是已知参数，而 C 是质心面处的换算刚度，它可由下述方法求得。

在图 2-56 中，由力平衡关系可得：

$$Cf - \sum_{i=1}^{n} C_i f_i = 0 \tag{2-114}$$

将式（2-113）代入式（2-114）后，可得

$$C = \sum_{i=1}^{n} C_i \left(1 - \frac{l - l_i}{R_0}\right) \tag{2-115}$$

再将式（2-112）代入式（2-115）还可解得

$$C = \sum_{i=1}^{n} C_i - \frac{\sum_{i=1}^{n}(l-l_i)C_i}{R_0} \qquad (2\text{-}116)$$

由式（2-116）可知，质心面处的换算刚度（系统组合线刚度）一般小于各簧刚度之和。

有了摆振瞬时中心（轴线）距 R_0 和质心面处的换算刚度 C，就可得到各轴的负荷 P_i 了。

$$P_i = \left(1 - \frac{l-l_i}{R_0}\right)\frac{C_i}{C}P \qquad (2\text{-}117)$$

值得注意的是，若视 P 为整车负荷，l 为整车质心位置，则 P_i 为各轴的轴荷；若视 P 为悬挂质体载荷，l 为悬挂质体质心位置，则 P_i 为各轴悬架负荷。

式（2-117）适用于 n 轴汽车，故也适用于二轴汽车。

由式（2-117）可知，各轴负荷 P_i 除与总负荷成正比外，还与相对刚度 C_i/C 和相对轴距 $(l-l_i)/R_0$ 有关。

为考察负荷分配的合理性，尚需用负荷分配比 λ_P 和频率分配比 λ_N 来检验：

$$\lambda_P = P_{max}/P_{min} \qquad (2\text{-}118)$$

式中 P_{max}、P_{min}——各轴负荷的最大值和最小值。

$$\lambda_N = N_{max}/N_{min} = (f_{max}/f_{min})^{\frac{1}{2}} \qquad (2\text{-}119)$$

式中 N_{max}、N_{min}——各轴频率的最大值和最小值。

　　　　f_{max}、f_{min}——各轴弹簧变形量的最大值和最小值。

λ_P 和 λ_N 的数值不可过大，其理想值为 1。

2. 计算示例

【例1】 某 2 轴汽车（$n=2$），整车总负荷 $P=25988\text{N}$，整车质心距 $l=156.6\text{cm}$，各轴至第 1 轴的距离：$l_1=0$，$l_2=270\text{cm}$，各轴悬架刚度：$C_1=2\times 269.2\text{N/cm}$，$C_2=2\times 426.5\text{N/cm}$，求各轴轴荷 P_i。

具体计算：

1）用摆振瞬时中心（轴线）法：

① 用式（2-112）计算摆振瞬时中心（轴线）距 R_0：

$$R_0 = \frac{538.4\times 156.6^2 + 853\times (156.6-270)^2}{538.4\times 156.6 + 853\times (156.6-270)}\text{cm} = -1946.8\text{cm}$$

负号说明摆振瞬时中心（轴线）在右侧。

② 用式（2-116）计算质心面处的换算刚度 C：

$$C = 2\times(269.2+426.5) - \frac{[538.4\times 156.6 + 853\times (156.6-270)]^2}{538.4\times 156.6^2 + 853\times (156.6-270)^2}\text{N/cm} = 1385.02\text{N/cm}$$

③ 用式（2-117）计算各轴轴荷 P_i：

$$P_1 = \left(1 - \frac{156.6-0}{-1946.8}\right)\times \frac{538.4\times 25988}{1385.02}\text{N} = 10915\text{N}$$

$$P_2 = \left(1 - \frac{156.6-270}{-1946.8}\right)\times \frac{853\times 25988}{1385.02}\text{N} = 15073\text{N}$$

2）用一般的杠杆比法：

$$P_1 = \left(1 - \frac{l}{l_2}\right)P = 10915\text{N}, \quad P_2 = \frac{l}{l_2}P = 15073\text{N}$$

由计算结果可知，摆振瞬时中心法也是适合二轴汽车的。

【例2】 某3轴汽车（$n=3$），悬挂质体负荷$P=73500\text{N}$，悬挂质体质心面至第1轴的距离$l=200\text{cm}$，各轴至第1轴的距离$l_1=0$，$l_2=240\text{cm}$，$l_3=450\text{cm}$，各轴悬架刚度：$C_1=2550\text{N/cm}$，$C_2=2750\text{N/cm}$，$C_3=2650\text{N/cm}$。求各轴悬架负荷P_i。

具体计算：

① 用式（2-112）计算摆振瞬时中心（轴线）距R_0，计算结果$R_0=-1036.3\text{cm}$，负值说明摆振中心在右侧。

② 用式（2-116）计算质心面处的换算刚度C，计算结果$C=7696.7\text{N/cm}$。

③ 用式（2-117）计算各轴的悬架负荷P_i，计算结果：

$$P_1=29051\text{N}, P_2=25248\text{N}, P_3=19201\text{N}, \sum P_i = 73500\text{N}。$$

【例3】 某8轴汽车（$n=8$），悬挂质体负荷$P=1196000\text{N}$，质心面至第1轴的距离$l=740\text{cm}$，各轴至第1轴的距离：$l_1=0$，$l_2=205\text{cm}$，$l_3=430\text{cm}$，$l_4=635\text{cm}$，$l_5=840\text{cm}$，$l_6=1065\text{cm}$，$l_7=1270\text{cm}$，$l_8=1475\text{cm}$，各轴悬架刚度：$C_1=14992\text{N/cm}$，$C_2=14531.5\text{N/cm}$，$C_3=14058.7\text{N/cm}$，$C_4=13653\text{N/cm}$，$C_5=13271.2\text{N/cm}$，$C_6=12875.7\text{N/cm}$，$C_7=12534.6\text{N/cm}$，$C_8=12211.1\text{N/cm}$，求各轴悬架负荷P_i。

具体计算：

① 用式（2-112）计算摆振瞬时中心（轴线）距R_0，计算结果$R_0=-7218.4\text{cm}$。

② 用式（2-116）计算质心面处的换算刚度C，计算结果$C=107638.8\text{N/cm}$。

③ 用式（2-117）计算各轴的悬架负荷P_i，计算结果：

$P_1=149503\text{N}$，$P_2=149496\text{N}$，$P_3=149501\text{N}$，$P_4=149495\text{N}$，$P_5=149502\text{N}$，$P_6=149506\text{N}$，$P_7=149501\text{N}$，$P_8=149496\text{N}$，$\sum P_i = 1196000\text{N} = P$。

（二）负荷分配设计计算

当前，多轴汽车在设计时，其负荷分配还基本处于一种随意状态，即随意给定悬架的刚度值，或者是参考部分样车给定悬架刚度，待汽车造出来后再测定负荷，进而调整修改。显然，这是一种被动设计。本书将从主动设计的角度出发，提出三种负荷分配法：等刚度负荷分配法、等频率负荷分配法、均布轴负荷分配法。下面具体研究。

1. 等刚度负荷分配法

所谓等刚度负荷，就是各轴悬架刚度相等时的各轴悬架的载荷或各轴的轴负荷。虽为同一组刚度，但由悬挂质体载荷决定的为各轴悬架载荷，而由整车总负荷决定的则为各轴的轴载荷。

各轴悬架刚度相等，其优点是各轴悬架结构可以通用，简化设计制造，降低成本，方便维修。下面建立计算公式并举例计算。

（1）计算公式的建立

等刚度的数值，从理论上说有无穷多组，但到底取什么样的数值才算合理呢？这和设计要求有关。假设要求悬挂质体（整车）质心面处的频率为N，那么便可导出各轴悬架的刚度值C_e了。

根据所要求的频率 N，便可求出悬挂质体（整车）质心面处的变形：

$$f = \left(\frac{300}{N}\right)^2 \tag{2-120}$$

式中　N——设计要求的悬挂质体（整车）质心面处的频率（次/min）。

由式（2-120），可得质心面处的刚度为

$$C = P/f \tag{2-121}$$

根据式（2-116）的关系，可以导出所要求的各轴等刚度 C_e 的计算公式：

$$C_e = \frac{C}{n - \dfrac{\left[\sum\limits_{i=1}^{n}(l-l_i)\right]^2}{\sum\limits_{i=1}^{n}(l-l_i)^2}} \tag{2-122}$$

式中　n——多轴汽车的轴数；
　　　l——质心到第 1 轴的距离（cm）；
　　　l_i——各轴到第 1 轴的距离（cm）。

由式（2-117）可知，等刚度载荷 P_i 为

$$P_i = a + Kl_i \tag{2-123}$$

式中，$K = C_e P/R_0 C$，$a = (R_0 - l)K$。

为考察负荷分配的均匀性，还须用式（2-118）和式（2-119）检验负荷分配比 λ_P 和频率分配比 λ_N。

(2) 计算示例

某 6 轴汽车（$n=6$），悬挂质体负荷 $P = 600600$N，悬挂质体质心面至第 1 轴的距离 $l = 700$cm，各轴至第 1 轴的距离：$l_1 = 0$cm，$l_2 = 220$cm，$l_3 = 680$cm，$l_4 = 900$cm，$l_5 = 1120$cm，$l_6 = 1340$cm。设计要求：质心面处的频率 $N = 95$ 次/min。求各轴悬架的等刚度（均布刚度）C_e 和各悬架负荷 P_i。

具体计算：

① 用式（2-120）计算质心面处的变形为

$$f = \left(\frac{300}{N}\right)^2 = \left(\frac{300}{95}\right)^2 \text{cm} = 9.972\text{cm}$$

② 用式（2-121）计算质心面处的刚度：

$$C = P/f = 600600/9.972\text{N/cm} = 60228.6\text{N/cm}$$

③ 用式（2-122）计算各轴悬架的等刚度：

式（2-122）中的 $\left[\sum(l-l_i)\right]^2 = (6l - \sum l_i)^2 = (6 \times 700 - 4260)^2\text{cm}^2 = 3600\text{cm}^2$。

式（2-122）中的 $\sum(l-l_i)^2 = (700^2 + 480^2 + 20^2 + 200^2 + 420^2 + 640^2)\text{cm}^2 = 1346800\text{cm}^2$。

$$C_e = \frac{60228.6}{6 - \dfrac{3600}{1346800}}\text{N/cm} = 10042.6\text{N/cm}$$

④ 用式（2-112）计算摆振瞬时中心（轴线）距：

$$R_0 = \frac{\sum(l-l_i)^2}{\sum(l-l_i)} = \frac{1346800}{nl - \sum l_i} = \frac{1346800}{6 \times 700 - 4260}\text{cm} = -22446.7\text{cm}$$

负值说明摆振瞬时中心在右侧。

⑤ 用式（2-123）计算各轴等刚度负荷：

式（2-123）中的 $K = \dfrac{C_e P}{R_0 C} = \dfrac{10042.6 \times 600600}{-22446.7 \times 60228.6} = -4.461452$。

式（2-123）中的 $a = (R_0 - l)K = (-22446.7 - 700) \times (-4.461452) = 103267.9$。

$P_1 = 103263.4\text{N}$，$P_2 = 102286.4\text{N}$，$P_3 = 100234.1\text{N}$，$P_4 = 99252.6\text{N}$，

$P_5 = 98271.1\text{N}$，$P_6 = 97289.6\text{N}$，$\sum P_i = 600600\text{N}$。

⑥ 用式 $N_i = 300/\sqrt{f_i} = 300\sqrt{\dfrac{C_e}{P_i}}$ 计算各轴悬架的频率，计算结果：

$N_1 = 93.6$ 次/min，$N_2 = 94$ 次/min，$N_3 = 95$ 次/min，$N_4 = 95.4$ 次/min，$N_5 = 95.9$ 次/min，$N_6 = 96.4$ 次/min。

⑦ 用式（2-118）计算负荷分配比：$\lambda_p = P_1/P_6 = 103263.4/97289.6 = 1.06$，此值说明各轴悬架负荷分配较为均匀。

⑧ 用式（2-119）计算频率分配比：$\lambda_N = N_6/N_1 = 96.4/93.6 = 1.03$。此值说明各悬架频率分配相当好。

2. 等频率负荷分配法

所谓等频负荷，就是保证各车轴悬架频率相等时的悬架载荷，它是悬挂质体载荷在各轴悬架上的分配。由于各轴悬架频率相等，可使乘坐舒适性和货物及运载设备的安全性提高（没有角位移），故提出了等频负荷这一设想。

（1）计算公式的建立

求取等频负荷，就是要在已知悬挂质体载荷 P、质心距第 1 轴的距离 l 和各轴位置 l_i 以及所希望的各轴频率 N 的情况下，确定各轴悬架的刚度 C_i。

根据设计要求的频率 N，可得各悬架弹簧的变形量为

$$f_i = f = \left(\dfrac{300}{N}\right)^2 \qquad (2\text{-}124)$$

式中 f_i——各悬架的变形（cm）；

N——各悬架的频率（次/min）。

由于各悬架的变形和频率都相等，摆振瞬时中心距 $R_0 \to \infty$，质心面与中性面重合，故质心面处的刚度 C 等于中性面处的刚度 C_0，假设汽车的总轴数为 n，则有

$$C = C_0 = \sum_{i=1}^{n} C_i \qquad (2\text{-}125)$$

由式（2-124）和式（2-125）可得

$$C_0 = P/f = P/\left(\dfrac{300}{N}\right)^2 \qquad (2\text{-}126)$$

由转矩平衡 $\left(\sum\limits_{i=1}^{n} M = 0\right)$ 的关系，加之变形 f_i 为常数，可得

$$\sum_{i=1}^{n} C_i(l - l_i) = 0 \qquad (2\text{-}127)$$

如何把式（2-125）的刚度分配于各个悬架呢？这只需要做到下述两点：

① 满足式（2-124）~式（2-127）的条件。
② 使分配所得的刚度分配比 λ_C 为最小。

刚度分配比 λ_C 就是刚度分配所得的最大值 $C_{\max}$ 与最小值 $C_{\min}$ 之比，即

$$\lambda_C = C_{\max}/C_{\min} \tag{2-128}$$

使 λ_C 值最小的目的，在于使各轴的等频负荷 P_i 分布较为均匀。

假设质心面左侧各轴悬架刚度均为 C_f，右侧各轴悬架的刚度均为 C_r，并设质心面在第 K 轴和第 $K+1$ 轴之间（若质心面正好落在某一轴线上，则把此轴叫作第 K 轴），那么右侧各轴悬架的刚度为

$$C_r = (C_o - kC_f)/(n - k) \tag{2-129}$$

利用式（2-127）的关系可得

$$C_f \sum_{i=1}^{k}(l - l_i) + C_r \sum_{i=k+1}^{n}(l - l_i) = 0 \tag{2-130}$$

将式（2-129）代入式（2-130），可解得左侧各轴悬架的刚度。

$$C_f = \frac{C_o \sum_{i=k+1}^{n}(l - l_i)}{k \sum_{i=1}^{n}(l - l_i) - n \sum_{i=1}^{k}(l - l_i)} \tag{2-131}$$

能够满足等频分配的刚度 C_i 和载荷 P_i，从理论上说有无穷组，但唯有由式（2-129）和式（2-131）所决定的等频刚度而推出的等频载荷才能保证载荷分布最为均匀。

值得注意的是，负荷分配比 λ_p 是随轴数 n 的增大而减小的。当 $n\to\infty$ 时，$\lambda_p = 1$。

（2）计算示例

某 4 轴汽车，即 $n=4$，悬挂质体负荷 $P=351800\text{N}$，质心面至第 1 轴的距离 $l=380\text{cm}$（$k=2$），各轴至第 1 轴的距离：$l_1=0$，$l_2=220\text{cm}$，$l_3=550\text{cm}$，$l_4=770\text{cm}$。设计要求各轴悬架频率 $N=100$ 次/min，求取各轴理想载荷 P_i。

具体计算：

① 用式（2-124）计算各轴静挠度 f_i：

$$f_i = f = \left(\frac{300}{N}\right)^2 = \left(\frac{300}{100}\right)^2 \text{cm} = 9\text{cm}$$

② 用式（2-125）计算质心面处的组合线刚度 C_0：

$$C_0 = \sum C_i = P/f = 351800/9\text{N/cm} = 39088.9\text{N/cm}$$

③ 用式（2-131）计算左侧各悬架刚度 C_f：

$$C_f = \frac{C_0 \sum_{i=k+1}^{n}(l - l_i)}{k \sum_{i=1}^{n}(l - l_i) - n \sum_{i=1}^{k}(l - l_i)}$$

$$= \frac{39088.9 \times [(380 - 550) + (380 - 770)]}{2 \times [380 + (380 - 220) + (380 - 550) + (380 - 770)] - 4[380 + (380 - 220)]}\text{N/cm}$$

$$= \frac{-21889784}{-2200}\text{N/cm} = 9949.9\text{N/cm}$$

④ 用式（2-129）计算右侧各悬架的刚度 C_r：
$$C_r = (C_o - kC_f)/(n-k) = (39088.9 - 2 \times 9949.9)/(4-2) \text{N/cm} = 9594.6 \text{N/cm}$$

⑤ 用式 $P_i = Cf_i$ 计算各轴悬架的等频负荷：
$$P_1 = P_2 = C_f f = 9949.9 \times 9 \text{N} = 89549 \text{N}$$
$$P_3 = P_4 = C_r f = 9594.6 \times 9 \text{N} = 86351 \text{N}$$

⑥ 用式 $\sum P_i$ 验算各轴负荷和：
$$\sum P_i = 2 \times (89549 + 86351) \text{N} = 351800 \text{N} = P (\text{计算精确})$$

⑦ 用式（2-118）计算负荷分配比：
$$\lambda_p = P_{max}/P_{min} = P_1/P_4 = 89549/86351 = 1.037 (\text{分配均匀})$$

⑧ 用式（2-128）计算刚度分配比：
$$\lambda_C = C_{max}/C_{min} = C_f/C_r = 9949.9/9594.6 = 1.037 (\text{分配均匀})$$

⑨ 用式（2-119）检验频率分配比：
$$\lambda_N = N_{max}/N_{min} = \left(\frac{P_1 C_r}{P_4 C_f}\right)^{\frac{1}{2}} = \left(\frac{89549 \times 9594.6}{86351 \times 9949.9}\right)^{\frac{1}{2}} = 1 (\text{分配准确})$$

3. 均布轴负荷分配法

所谓均布轴负荷，就是汽车整车总负荷 P 均匀分布于各车轴的载荷 P/n。载荷均布有着如下优点：

① 能提高通过性。在汽车总载荷已定的情况下，载荷均布的实质就是避免某一车轴负荷较高，从而减小在软地面上的下陷和提高越障能力等。

② 能保护路面和提高桥梁等设施的安全。

③ 能相对降低相关零部件的载荷，提高可靠性。

④ 能使各车轴轮胎的气压和变形相等，保持车身状态和避免驱动车轴的功率循环等。

(1) 计算公式的建立

如何才能实现均布轴负荷呢？这与各轴轴距 l_i 和各轴刚度 C_i 等因素有关。下面分别叙述。

1) 选定各轴轴距 l_i。在整车负荷 P、质心位置 l 和车轴数 n 已定的情况下，根据图2-56的关系，各轴轴距 l_i 必须保证力矩平衡，亦即应使 $\sum_{i=1}^{n} P_i(l - l_i) = 0$，由于各轴负荷 $P_i = P/n$，所以必须使

$$nl - \sum_{i=1}^{n} l_i = 0 \tag{2-132}$$

若不能满足式（2-132）的条件，就不可能实现均布轴荷。式（2-132）对于 $n \geq 3$ 的汽车，既有理论意义，也有实际意义。然而，对于 $n=2$ 的汽车，特别是二轴货车，由于重心偏后，总轴距又不能随意改动，故虽有理论意义，但事实上却是难以实现的。

2) 选定各轴的刚度 C_i。此处各轴的刚度 C_i 应是弹簧刚度 C_s 和轮胎刚度 C_t 的串联组合刚度，即

$$C_i = \frac{C_s C_t}{C_s + C_t} \tag{2-133}$$

各轴的刚度 C_i 应是由式（2-133）所决定的刚度，它决定于各轴的变形 f_i，亦即

$$C_i = \frac{P}{nf_i} \quad (2\text{-}134)$$

式（2-134）中的 f_i 可以根据整车质心面处的变形 f 和第 1 轴处的变形 f_1 的设计要求来决定。假定要求质心面处的频率为 N（注意：此频率略比悬架频率低，因增加了非簧载质量），并要求第 1 轴处的频率为 N_1，那么，质心和第 1 轴处的变形分别为

$$f = \left(\frac{300}{N}\right)^2 \quad (2\text{-}135)$$

$$f_1 = \left(\frac{300}{N_1}\right)^2 \quad (2\text{-}136)$$

注意：若 $N_1 > N$，则 $f_1 < f$，此时摆振瞬时中心在左侧，反之则在右侧。

在上述假设下，车体的满载角位移为

$$\tan\delta = (f - f_1)/l \quad (2\text{-}137)$$

各轴的变形为

$$f_i = f_1 + l_i \tan\delta = f_1 + \frac{(f - f_1)l_i}{l} \quad (2\text{-}138)$$

将式（2-138）代入式（2-134），便可得到各轴的刚度：

$$C_i = \frac{Pl}{n[f_1 l + (f - f_1)l_i]} \quad (2\text{-}139)$$

若 $N = N_1$，$f = f_1$，$\delta = 0$，即摆振瞬时中心在无穷远处，此时，$C_i = P \big/ \left[n\left(\frac{300}{N}\right)^2\right]$。

有了式（2-139）就能计算均布轴荷了：

$$P_i = \left[f_1 + \frac{(f - f_1)l_i}{l}\right]C_i = \frac{P}{n} \quad (2\text{-}140)$$

（2）计算示例

某 8 轴汽车，即 $n = 8$，整车总负荷 $P = 1196000\text{N}$，质心面至第 1 轴的距离 $l = 740\text{cm}$，各轴至第 1 轴的距离：$l_1 = 0$，$l_2 = 205\text{cm}$，$l_3 = 430\text{cm}$，$l_4 = 635\text{cm}$，$l_5 = 840\text{cm}$，$l_6 = 1065\text{cm}$，$l_7 = 1270\text{cm}$，$l_8 = 1475\text{cm}$。设计要求质心面处的频率 $N = 90$ 次/min，第 1 轴处的频率 $N_1 = 95$ 次/min（注意：此频率比悬架频率略低，因增加了非悬挂质体载荷）。求各轴悬架的刚度 C_i。

具体计算：

① 用式（2-132）检验力矩是否平衡：

$$nl - \sum_{i=1}^{n} l_i = 8 \times 740 - (0 + 205 + 430 + 635 + 840 + 1065 + 1270 + 1475) = 0$$

力矩已达平衡，轴距不需调整就可实现均布轴荷。

② 用式（2-135）计算质心面处的静挠度：

$$f = \left(\frac{300}{N}\right)^2 = \left(\frac{300}{90}\right)^2 \text{cm} = 11.111\text{cm}$$

③ 用式（2-136）计算第 1 轴处的静挠度：

$$f_1 = \left(\frac{300}{N_1}\right)^2 = \left(\frac{300}{95}\right)^2 \text{cm} = 9.972\text{cm}$$

④ 用式（2-137）计算车体角位移：
$$\tan\delta = (f - f_1)/l = (11.111 - 9.972)/740 = 1.539189 \times 10^{-3}$$
⑤ 用式（2-138）计算各轴处的静挠度，计算结果如下：
$$f_1 = 9.972\text{cm} \quad f_2 = 10.288\text{cm} \quad f_3 = 10.634\text{cm} \quad f_4 = 10.95\text{cm}$$
$$f_5 = 11.265\text{cm} \quad f_6 = 11.611\text{cm} \quad f_7 = 11.927\text{cm} \quad f_8 = 12.243\text{cm}$$
⑥ 用式（2-134）计算各轴处的刚度，计算结果如下：
$$C_1 = 14992\text{N/cm} \quad C_2 = 14531.5\text{N/cm} \quad C_3 = 14058.7\text{N/cm} \quad C_4 = 13653\text{N/cm}$$
$$C_5 = 13271.2\text{N/cm} \quad C_6 = 12875.7\text{N/cm} \quad C_7 = 12534.6\text{N/cm} \quad C_8 = 12211.1\text{N/cm}$$
⑦ 用式（2-140）计算各轴的负荷，计算结果如下：
$$P_1 = 149500.2\text{N} \quad P_2 = 149493.3\text{N} \quad P_3 = 149498.9\text{N} \quad P_4 = 149493.1\text{N}$$
$$P_5 = 149500.5\text{N} \quad P_6 = 149504.7\text{N} \quad P_7 = 149499.5\text{N} \quad P_8 = 149494.4\text{N}$$
由计算结果可知，P_i 值与 $P/n = 149500\text{N}$ 值误差极小。
⑧ 用式（2-128）计算刚度分配比：
$$\lambda_C = C_{\max}/C_{\min} = 14992/12211 = 1.23$$
⑨ 用式（2-119）计算频率分配比：
$$\lambda_N = (f_{\max}/f_{\min})^{0.5} = (12.24/9.97)^{0.5} = 1.11$$

上述三种负荷分配法，各有其优势，各有其用途，到底如何选取，须根据车辆的用途、使用环境以及公司的生产条件等来决定。常驶于一般路面的汽车，可以考虑降低成本，采用等刚度设计；常驶于坏路的汽车，则应考虑运输安全性和机动性，采用等频率和均布轴荷分配法。然而，这也并非是绝对的，重要的是要综合权衡，心中有数。例如，本书等刚度负荷分配法一节所举的例子（$n=6$），不仅各轴弹簧刚度相等，便于设计生产、降低成本，而且负荷分配比只有 1.06（当然，这个负荷不包括非簧载质量），频率分配比只有 1.03，像这样的分配方案就是可取的。

值得注意的是，均布载荷法所举的例子，其刚度分配比 λ_C 和频率分配比 λ_N 均较高，但这可通过降低 N_1 值来调小。若使 $N_1 = N$，还可实现等负荷、等刚度和等频率的统一。

三、多轴汽车的越障问题

汽车在行驶中所能碰到的障碍很多，例如前部凸出物的碰触、后部凸出物的拖托、中部凸出物的顶举，特别是还有垂直障碍和壕沟等。对于二轴汽车的越障问题，早已引起了汽车科技人员的重视，且已解决了不少问题。然而，对于三轴以上汽车，由于其牵扯到超静定问题，国内外同行多采用离散化方法研究其特点规律，存在一定的局限性。本书运用摆振瞬时中心这一概念，建立多轴汽车越障模型，分析了越障高度与车轮半径、附着系数、轴荷以及车轴数的内在联系，使多轴汽车超越垂直障碍理论在一定程度上得到完善。

（一）越障高度模型的建立

假设多轴汽车的轴数为 n，第 k 轴越障，越障轴可以是驱动轴，也可以是从动轴。障碍系坚硬、垂直，高度为 h 的短凸台。若汽车在足够驱动力的作用下，车体绕摆振瞬时中心 O 转过了一个 δ 角，各车轴悬架弹簧产生了一个变形 f_i 和一个变形力 $P_i = f_i C_i$。C_i 为各轴弹簧的刚度。再假设整车载荷为 P，摆振瞬时中心至整车质心面的距离为 R_0。质心面至第一轴

的距离为 l，各轴至第一轴的距离为 l_i，那么便可通过图 2-57 的力学关系来建立多轴汽车越障高度的数学模型了。

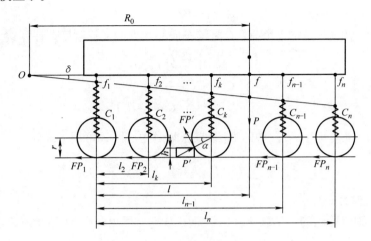

图 2-57 多轴汽车跨越垂直障碍

根据水平方向力平衡的关系，即 $\sum X = 0$ 的关系，可得如下方程：

$$X_\mathrm{d} - X_\mathrm{r} - X_\mathrm{o} = 0 \tag{2-141}$$

式中　X_d——各驱动轴的驱动力；

　　　X_r——各从动轴的滚动阻力；

　　　X_o——作用于越障轴的阻力。

下面具体研究式（2-141）中的参数。

1. 驱动力和滚动阻力

在假设 P_i 为各轴弹簧变形力，φ 为附着系数，f 为滚动阻力系数的情况下，各驱动轴的驱动力 $X_\mathrm{d} = \sum \varphi P_i$，而各从动轴的滚动阻力为 $X_\mathrm{r} = \sum f P_i$。在第 k 轴为越障轴的情况下，驱动轴的驱动力和从动轴的滚动阻力可合并成为有效驱动力：

$$S_k = X_\mathrm{d} - X_\mathrm{r} = \sum_{i=1}^{k-1} F_i P_i + \sum_{i=k+1}^{n} F_i P_i = \sum_{i=1}^{n} F_i P_i - F_k P_k \tag{2-142}$$

式中　F_i——各轴的接触系数，驱动轴为附着系数，即 $F_i = \varphi$；从动轴为滚动阻力系数，取 $F_i = -f$。

当越障汽车为全轮驱动时，

$$S_k = \varphi(P - P_k) \tag{2-143}$$

式（2-142）中的 $P_i = f_i C_i$，而各轴弹簧的变形 f_i 可由图 2-57 的几何关系求得，即

$$f_i = \frac{R_0 - l + l_i}{R_0} f \tag{2-144}$$

式中　f——整车质心处的变形。

于是各轴弹簧的变形力为

$$P_i = \frac{R_0 - l + l_i}{R_0} C_i f_i \tag{2-145}$$

式 (2-145) 中的 C_i 是各轴弹簧刚度（单边悬架刚度的 2 倍）。
整车质心处的变形可表示为

$$f = P/C \tag{2-146}$$

式 (2-146) 中的 P 是整车负荷，C 是整车质心面处的换算刚度，计算式为

$$C = \sum_{i=1}^{n} C_i - \frac{\left[\sum_{i=1}^{n} C_i(l-l_i)\right]^2}{\sum_{i=1}^{n} C_i(l-l_i)^2} \tag{2-147}$$

式 (2-144) 和式 (2-145) 中的 R_0 是摆振瞬时中心距，可用下式计算：

$$R_0 = \sum_{i=1}^{n} C_i(l-l_i)^2 \Big/ \sum_{i=1}^{n} C_i(l-l_i) \tag{2-148}$$

2. 越障轮的阻力

作用于第 k 轴越障轮的水平载荷，也就是阻力 x_0，可由图 2-57 的受力关系得到：

$$x_0 = P'\cos\alpha - F_k P'\sin\alpha = (\cos\alpha - F_k\sin\alpha)P' \tag{2-149}$$

作用于越障轮的向上的载荷，也就是托举力 y_0，同样可由图 2-57 的受力关系得到：

$$y_0 = F_k P'\cos\alpha + P'\sin\alpha = (F_k\cos\alpha + \sin\alpha)P' \tag{2-150}$$

由于 $\sin\alpha = (r-h_k)/r$，$\cos\alpha = \sqrt{2rh_k - h_k^2}$，式中，$r$ 为车轮半径，h_k 为第 k 轴的越障高度。将 $\sin\alpha$ 和 $\cos\alpha$ 代入式 (2-149) 和式 (2-150) 后可得

$$x_0 = \frac{1}{r}\left[\sqrt{2rh_k - h_k^2} - F_k(r-h_k)\right]P' \tag{2-151}$$

$$y_0 = \frac{1}{r}\left[F_k\sqrt{2rh_k - h_k^2} + r - h_k\right]P' \tag{2-152}$$

又因第 k 轴弹簧的变形为

$$f_k = y_0/C_k = (R_0 - l + l_k)f/R_0$$

故

$$y_0 = \frac{R_0 - l + l_k}{R_0} C_k f \tag{2-153}$$

令式 (2-152) 等于式 (2-153)，便可得

$$P' = \frac{(R_0 - l + l_k)rC_k f}{R_0(F_k\sqrt{2rh_k - h_k^2} + r - h_k)} \tag{2-154}$$

将式 (2-154) 代入式 (2-151)，可得越障轮的阻力：

$$x_0 = \frac{\left[\sqrt{2rh_k - h_k^2} - F_k(r-h_k)\right](R_0 - l + l_k)C_k f}{R_0(F_k\sqrt{2rh_k - h_k^2} + r - h_k)} \tag{2-155}$$

3. 越障高度

将式 (2-142) 和式 (2-155) 代入式 (2-141) 可得 $S_k = x_0$，亦即

$$S_k R_0(F_k\sqrt{2rh_k - h_k^2} + r - h_k) = \left[\sqrt{2rh_k - h_k^2} - F_k(r-h_k)\right](R_0 - l + l_k)C_k f \tag{2-156}$$

解式 (2-156)，可得如下二次方程：

$$A_k h_k^2 - 2rA_k h_k + r^2 R_k = 0 \quad (2-157)$$

于是各轴越障高度为

$$h_k = [1 - \sqrt{1 - R_k/A_k}]r$$

若再设 $A_k = R_k + T_k$，则

$$h_k = [1 - \sqrt{1 - R_k/(R_k + T_k)}]r \quad (2-158)$$

式中　$R_k = [R_0(S_k + F_k P_k)]^2$；

$T_k = [R_0(F_k S_k - P_k)]^2$。

经进一步简化后，还可得到：

$$h_k = (1 - \sqrt{1 - M_k/N_k})r \quad (2-159)$$

式中　$M_k = (S_k + F_k P_k)^2$；

$N_k = (1 + F_k^2)(S_k^2 + P_k^2)$。

当为全轮驱动汽车时

$$S_k = \varphi_k(P - P_k) \quad \text{（全轮驱动）} \quad (2-160)$$

将式（2-160）代入式（2-159）后可得

$$M_k = (\varphi_k P)^2 \quad \text{（全轮驱动）} \quad (2-161)$$

$$N_k = [\varphi_k^2 \cdot (P - P_k)^2 + P_k^2](1 + \varphi_k^2) \quad \text{（全轮驱动）} \quad (2-162)$$

（二）越障高度公式的分析

1. 建式思路

越障高度式（2-159）的建立，是假定车轴越障时，车体绕摆振瞬时中心转动，从而产生各轴的弹簧力和驱动力，进而按驱动力和阻力相等建立平衡方程。有关越障高度的因素，不仅考虑了整车负荷及其重心位置，而且也考虑了各轴的位置和刚度。特别还考虑了路面的附着状况和阻力状况等，因此式（2-159）必然具有较高的可行性。

2. 适用范围

式（2-159）不仅适用于计算全轮驱动汽车各轴的越障高度，也适用于计算驱动轴和从动轴混列汽车车轴的越障高度。不仅适用于车轴数 $n > 2$ 的汽车，也适用于 $n = 2$ 的汽车。就拿负荷分配来说，用含有刚度 C_i 的式（2-145）计算的弹簧力与二轴汽车按杠杆比计算的负荷分配也完全一致。

3. h_k 与 r 成正比

式（2-159）具有完美的数学形式，一看便知越障高度 h_k 是随车轮半径 r 的增大而增大的。正因如此，选装大尺寸的轮胎对提高通行能力是最为有效的。

4. h_k 的取值范围

由式（2-159）可知，越障高度 h_k 的取值范围在 $(0 \sim 1)r$ 之内。当 $M_k = 0$ 时，$h_k = 0$；当 $M_k = N_k$ 时，$h_k = r$。那么，M_k 为零以及 $M_k = N_k$ 的条件又是什么呢？

（1）$h_k = 0$ 的条件

当越障车为全轮驱动汽车时，由式（2-161）可知，$M_k = (\varphi_k P)^2$。因此，只要令式中的附着系数 $\varphi = 0$，M_k 就将为零。此时，由于越障车失去了附着，没有了驱动力，故越障高度 h_k 也就为零了。

（2）$h_k = r$ 的条件

$h_k = r$,也就是 h_k 获得极大值,这要求解 $M_k = N_k$ 时的 φ_k 值,当越障车为全轮驱动汽车时,根据式(2-161)和式(2-162),可以得到:

$$\varphi_k^2 P^2 = [\varphi_k^2 (P - P_k)^2 + P_k^2](1 + \varphi_k^2)$$

解此式可以得到 $h_k = r$ 时的附着系数为

$$\varphi_{kr} = \left[\frac{1}{P/P_k - 1}\right]^{0.5}(全轮驱动) \tag{2-163}$$

$h_k = r$ 这个结果,从理论上说,一般是能够实现的。然而在下述情况又是不可能实现的。例如当式(2-163)中的 $P_k > \frac{1}{2}P$ 时,P/P_k 值就将小于2,即 φ_{kr} 值大于1。这是不可能的。$P_k > \frac{1}{2}P$ 这在三轴汽车中是普遍存在的,特别是在后轴为双胎的二轴货车中更是有可能出现的。

5. h_k 与 φ 的关系

上文已讲过,当 $\varphi = 0$,$h = 0$;当 $\varphi = \varphi_r$,$h = r$。在 h 获得极大值 r 之前,h 总是随 φ 的增大而增大的。但曲线的具体形态则是与轴数 n 相关的。二轴汽车一般只有一个轴能在 $\varphi < 1$ 时获得极大值。当 $\varphi > \varphi_r$ 后,h 值就下降。当车轴数 $n \geq 3$ 时,一般在 $\varphi < 1$ 时,h 都能获得极大值 r。然而,过了极值点,h 值依然下降,参见后文计算示例。注意,轴荷较小的车轴,出现极值点的 φ 值也较小。

6. h_k 与轴荷 P_k 的关系

式(2-163)的 φ_{kr} 值是越障高度 h_k 获得极大值 r 时的附着系数。由该式可知,在同一辆汽车上,轴荷 P_k 较小的车轴,h_k 获得极大值时的附着系数 φ_k 值较小。这就是说,轴荷较小的车轴能在附着条件较差的情况下,亦能越过较高的垂直障碍。

然而,在同一辆汽车上,某一车轴负荷较小,必然带来其他车轴负荷的增大,当障碍阻挡了高负荷车轴时,低负荷车轴以及整车也就不能通过了。因此,设计者的任务就是酌情使各轴负荷均布,也就是使各轴负荷趋于 P/n 值。

7. h_k 与车轴数 n 的关系

在多轴汽车中,车轴数 n 越大,各轴负荷的均值 $\sum P_i / n$ 就较小,亦即 P/P_k 值就较大。由式(2-163)可知,h_k 获得极大值时的附着系数 φ_k 值就较小。例如二轴汽车($n = 2$),h_k 获得极大值时的 φ_k 的均值趋近于1.0,而五轴汽车($n = 5$),h_k 获得极大值时的 φ_k 的均值趋近于0.5。这就是说,汽车的轴数越多,在附着条件较差的环境下,亦能越过较高的垂直障碍。

8. 混驱车与全驱车的比较

混合驱动汽车与全轮驱动越野车相比,其各轴的越障高度 h_k 在同等 φ 值下均大幅度下降。各轴的 h_k 达到极大值 r 的 φ 值也大大推后。特别是从动轴,虽有其他轴的驱动力的推动,但由于自身失去了附着,h 值就下降更多,甚至在 $\varphi \leq 1$ 的范围内不能达到极值点,参见图 2-58 所示的 8×8 车和图 2-59 所示的 8×6 车。

(三)计算示例

1. 某 4×4 越野车

有关参数:总负荷 $P = 25988$N,车轮半径 $r = 385$mm,整车质心至第一轴的距离 $l = $

1566mm；各轴至第一轴的距离 $l_1 = 0$mm，$l_2 = 2700$mm；各轴悬架刚度 $C_1 = 54$N/mm，$C_2 = 85.4$N/mm。取接触系数为 $F_k = \varphi = 0.2，0.4，0.6，0.8，1.0$。

具体计算：

1）利用式（2-148）计算摆振瞬时中心距 R_0，计算结果 $R_0 = -19727.7$mm。

2）利用式（2-147）计算质心换算刚度 C，计算结果 $C = 138.78$N/mm。

3）利用式（2-146）计算质心处的变形 f，计算结果 $f = 187.26$。

4）利用式（2-145）计算各轴弹簧力 P_i，计算结果 $P_1 = 10914074$N，$P_2 = 15073$N。

5）利用式（2-162）计算过渡参数 N_k，计算结果列入表 2-5 中。

表 2-5　某 4×4 车型的 N_k 值与 φ 值的关系

φ		0.2	0.4	0.6	0.8	1.0
N_k/mm	一轴	133348462.9	180361505	273257577.6	433848185	692669432.6
	二轴	241239250.7	285658450.6	367315232.8	497646770.9	692665108.0

6）利用式（2-162）计算过渡参数 M_k，计算结果列入表 2-6 中。

表 2-6　某 4×4 越野车 M_k 值与 φ 值的关系

φ	0.2	0.4	0.6	0.8	1.0
M_k	27015045.8	108060183	243135411.8	432240732.2	675376144

7）利用式（2-159）计算越障高度 h_k，计算结果参见表 2-7 和图 2-58。

表 2-7　某 4×4 越野车 h_k 与 φ 的关系

φ		0.0	0.2	0.4	0.6	0.8	1.0
h_k/mm	一轴	0	41.2	141.2	257.1	361.6	324.2
	二轴	0	22.2	81.4	161.2	245.4	324.2

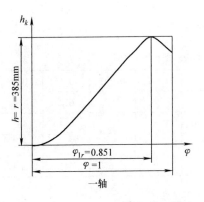
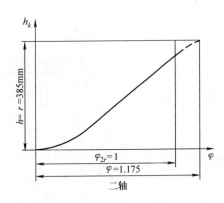

图 2-58　某 4×4 越野车 h_k 与 φ 的关系

8）用式（2-163）计算 h_k 的极大值点 φ_{kr}，计算结果为 $\varphi_{1r} = 0.851$，$\varphi_{2r} = 1.175$。

2. 某 8×8 越野车

有关参数：总负荷 $P = 286000$N，车轮半径 $r = 650$mm，整车质心至第一轴的距离 $l =$

3700mm；各轴至第一轴的距离 $l_1=0$mm，$l_2=1950$mm，$l_3=5500$mm，$l_4=7000$mm；各轴悬架刚度 $C_1=645$N/mm，$C_2=675$N/mm，$C_3=705$N/mm，$C_4=735$N/mm。取接触系数 $F_k=\varphi=0.2,0.4,0.6,0.8,1.0$。

示例计算：

1）用式（2-148）计算摆振瞬时中心距 R_0，计算结果 $R_0=-167144.7$mm。

2）用式（2-147）计算质心处的换算刚度 C，计算结果 $C=2759.24$N/mm。

3）用式（2-146）计算质心处的变形 f，计算结果 $f=103.65$mm。

4）用式（2-145）计算各轴弹簧力 P_i，计算结果 $P_1=68334$N，$P_2=70696$N，$P_3=72286$N，$P_4=74679$N。

5）用式（2-161）计算过渡参数 M_k，计算结果列于表 2-8 中。

表 2-8　某 8×8 越野车 M_k 与 φ 的关系

φ	M_k	φ	M_k
0.2	3271840000	0.8	5.234944×10^{10}
0.4	1.308736×10^{10}	1.0	8.1796×10^{10}
0.6	2.944656×10^{10}		

6）用式（2-162）计算过渡参数 N_k，计算结果列于表 2-9 中。

表 2-9　某 8×8 越野车 N_k 值与 φ 值的关系

轴别		一轴 N_1	二轴 N_2	三轴 N_3	四轴 N_4
φ	0.2	6827286866	7126281930	7334341031	7657689168
	0.4	1.421012409×10^{10}	1.440125633×10^{10}	1.453836869×10^{10}	1.475748607×10^{10}
	0.6	2.954707042×10^{10}	2.949297739×10^{10}	2.946818839×10^{10}	2.944851191×10^{10}
	0.8	5.738645229×10^{10}	5.685159072×10^{10}	5.650846046×10^{10}	5.601781312×10^{10}
	1.0	1.040959268×10^{11}	1.027073001×10^{11}	1.017977095×10^{11}	1.004672548×10^{11}

7）用式（2-159）计算越障高度 h_k，计算结果参见表 2-10 和图 2-59。

8）用式（2-163）计算 $h=r$ 点的 φ_{kr} 值，计算结果参见表 2-10 和图 2-59。

表 2-10　某 8×8 越野车不同 φ 值下的 h_k 值

φ		0.0	0.2	0.4	0.560	0.573	0.582	0.595	0.6	0.8	1.0
h_k/mm	一轴	0	181	476	$r=650$				612	457	349
	二轴	0	172	454		$r=650$			624	467	357
	三轴	0	166	445			$r=650$		632	474	362
	四轴	0	158	431				$r=650$	645	484	370

3. 某 8×6 越野车（第四轴为从动轴）

本车型系 8×8 车型的变型，故基本参数相同。附着系数仍取为 0.2、0.4、0.6、0.8、1.0；滚动阻力系数取为 $f=0.02$。已计算参数有，$R_0=-167144.7$mm，$C=2759.24$N/mm，$f=103.65$mm；$P_1=68334.2$N，$P_2=70696.3$N，$P_3=72286.3$N，$P_4=74678.6$N。

1）用式（2-142）计算有效驱动力 S_k，计算结果列入表 2-11 中。

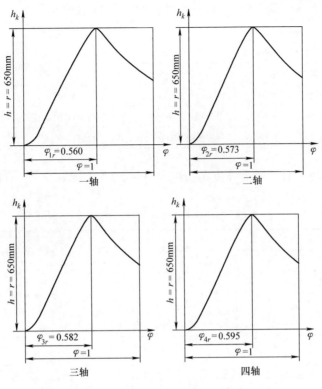

图 2-59 某 8×8 越野车不同 φ 值下的 h_k 值

表 2-11 某 8×6 越野 S_k 值与 φ 值的关系 　　　　　　　　（单位：N）

轴别		一轴 S_1	二轴 S_2	三轴 S_3	四轴 S_4
φ	0.2	27103	26631	26313	42263
	0.4	55700	54755	54119	84527
	0.6	84296	82879	81925	126790
	0.8	112893	111003	109731	169053
	1.0	141489	139127	137537	211317

2）用式（2-159）计算过渡参数 M_k，计算结果列入表 2-12 中。

表 2-12 某 8×6 越野的 M_k 值与 φ 值的关系

轴别		一轴 M_1	二轴 M_2	三轴 M_3	四轴 M_4
φ	0.2	1662179854	1662214100	1662214100	1662146259
	0.4	6894592014	6894565444	6894565444	6894545516
	0.6	$1.569921792 \times 10^{10}$	$1.569928308 \times 10^{10}$	$1.569928308 \times 10^{10}$	$1.569918785 \times 10^{10}$
	0.8	$2.807647424 \times 10^{10}$	$2.807636700 \times 10^{10}$	$2.807636700 \times 10^{10}$	$2.807615253 \times 10^{10}$
	1.0	$4.402577526 \times 10^{11}$	$4.402581722 \times 10^{11}$	$4.402581722 \times 10^{11}$	$4.402585919 \times 10^{11}$

3）用式（2-159）计算过渡参数 N_k，计算结果列入表 2-13 中。

表 2-13 某 8×6 越野车的 N_k 值与 φ 值的关系

轴别		一轴 N_1	二轴 N_2	三轴 N_3	四轴 N_4
φ	0.2	56203300919	5935464075	6154390462	7365999689
	0.4	9015796943	9275449156	9458843382	$1.272679571 \times 10^{10}$
	0.6	$1.601451477 \times 10^{10}$	$1.613897784 \times 10^{10}$	$1.623434011 \times 10^{10}$	$2.166125844 \times 10^{10}$
	0.8	$2.855960344 \times 10^{10}$	$2.840419786 \times 10^{10}$	$2.831657051 \times 10^{10}$	$3.416947243 \times 10^{10}$
	1.0	$4.937740002 \times 10^{11}$	$4.870857792 \times 10^{11}$	$4.828347108 \times 10^{11}$	$5.02518650 \times 10^{11}$

4）用式（2-159）计算越障高度 h_k，$h_k = (1 - \sqrt{1 - M_k/N_k})r$，计算结果参见表 2-14 和图 2-60。

表 2-14 某 8×6 越野车不同 φ 值下的 h_k 值

	φ	0.0	0.2	0.4	0.6	0.8	1.0
$h_k/$mm	一轴	0	104.5	334.7	558.8	565.5	436.0
	二轴	0	98.5	320.7	542.7	580.2	448.5
	三轴	0	94.7	311.6	532.0	590.1	457.0
	四轴	0	78.0	210.0	309.0	375.5	421.2

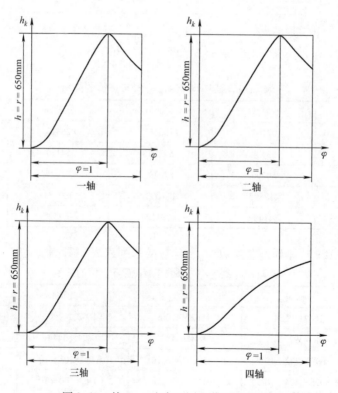

图 2-60 某 8×6 汽车不同 φ 值下的 h_k 值

结论：

1）采用超静定摆振瞬时中心方法建立的多轴汽车越障高度 h 的计算方法是可行的，它既适合驱动车轴，也适合从动车轴。

2）多轴汽车的越障高度 h 是和车轮半径成正比的，因此选装大尺寸轮胎对越障行驶是有利的。

3）多轴汽车的越障高度 h，开始是随附着系数 φ 的增加而增加的，当 h 达到极大值 r 后又反随 φ 值的增加而减小。然而，选用宽断面变气压和优质胎面的轮胎亦是可取的。

4）轴数 n 越大，h 出现极大值 r 时的 φ 值越低，反之越高；二轴汽车负荷较高的车轴以及三轴以上汽车的非驱动轴其越障高度一般不可能达到车轮半径。

5）多轴汽车轴荷较小的车轴，或者说车轴数 n 大的汽车均有利于越障行驶。

6）由于多轴汽车轴荷较小的车轴，在 φ 值较小时，就能越过较高的垂直障碍，因此，使各轴轴荷 P_i 均布或趋于 P/n 值，有利于整车超越障碍。

总之，选大胎，增附着，加轴数，均载荷是提高越障高度的有效措施。

第三章

相关总成部件

与汽车车身运动相关的总成部件很多,例如抗倾杆、稳定装置、阻尼元件、转向机构等,它们可以增强车身的稳定性、吸收振动能量、降低振动加速度和影响整车的转向特性等。下面分别介绍。

第一节　汽车抗倾杆

抗倾杆就是不少人常说的横拉杆,它是一个控制汽车车身侧倾的部件。一般装在相关悬架的轻型越野汽车上,也可装在质心较高的大型车辆上。

抗倾杆结构简单,工作可靠,它仅有一根横置杆件,一端 A 装在车桥上,另一端 B 装在车身上,参见图 3-1 和图 3-2。

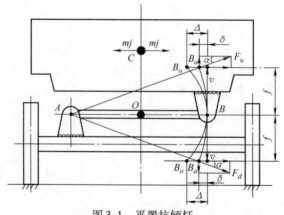

图 3-1　平置抗倾杆

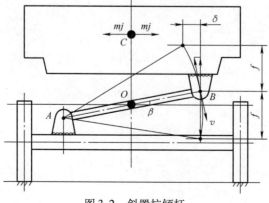

图 3-2　斜置抗倾杆

下面讨论三个问题:

1. 瞬时中心（轴线）

装有抗倾杆的汽车悬架，其车身相对地面运动的侧倾瞬时中心（轴线）完全由杆体的布置状况所决定（参见本书第一章的基础理论）。在图 3-1 和图 3-2 中的点 A 和点 B，如果相对车体的几何对称面（中性面）对称布置，那么对称面与杆体的交点 O 便是侧倾瞬时中心。

2. 作用原理

抗倾杆是如何控制车身侧倾的呢？假设汽车向左（右）转弯，车身（质心 C）在侧向加速度 j 的作用下，将绕着侧倾瞬时中心 O 相对地面向右（左）倾斜，参见图 3-1。如果暂不考虑抗倾杆，点 B 的运动轨迹便是弧线 $\overset{\frown}{B_oB_o}$。然而，在装有抗倾杆的情况下，点 B 的运动则完全受抗倾杆的控制，其运动轨迹是弧线 $\overset{\frown}{B_aB_a}$。两条弧线是不相重合的，是相互矛盾的。

由于杆体是刚体，长度 $\overline{AB}$ 是不能改变的。两条弧线在横向上的矛盾量正是抗倾杆阻止车身在横向的位移量。假如点 B 的垂直位移为 f，那么被阻止的横向位移量便是 $(\Delta - \delta)$。

假设汽车向左转弯，与上同理，车身（质心 C）将向右偏转。由于杆体是水平布置的，故车身上的点 B 是向右下方运动的。此时杆体将以约束反力 F_d 顶住车身，其分力 $F_d\cos\alpha$ 阻止车身向右倾斜。

然而，在非正常运动和不合理布置的情况下，抗倾杆亦可起到拉杆的作用。

3. 杆体布置

在满载静状态下，图 3-1 所示的杆体是平置的，而图 3-2 所示的杆体则是斜置的。平置与斜置哪种布置为好呢？结论是平置优于斜置。理由是：在满载状态瞬间，车身倾斜时，点 B 的瞬时速度 v 的方向，平置布置的是垂直向上或向下的，而斜置布置的，却是向着左上方或右下方的。因此，斜置的就存在一个不利于车身稳定的横向速度分量 $v\sin\beta$，β 是杆体斜置角。β 值越大，速度分量就越大。

从点 B 的横向位移量上看，在车身垂直位移量 f 相同的情况下，无论车身是左倾或右倾，横向位移量都是相等的；而斜置的车身横向位移量却是左倾大于右倾。这种非对称布置，也是不利于车身稳定的。

第二节　汽车稳定装置

为提高汽车平顺性，就得降低悬架刚度。而降低悬架刚度，就势必使车身稳定性变坏。总之，平顺性与车身稳定性是一对矛盾。

汽车稳定装置（也叫稳定器）正是协调整车平顺性与车身稳定性这一矛盾的统一物。在汽车正常行驶（车身摆振运动）时，稳定装置不起作用，一旦车身倾斜，稳定装置便立刻提供一个反倾力矩，阻止车身倾斜。图 3-3 所示为稳定装置的作用原理。稳定装置可使车身倾角减少 15% ~ 50%。军用 421 型救护车在安装稳定装置后，在侧向加速度 $j = 0.4g$ 时，可使车身侧倾角 α 降低 42%，如图 3-4 所示。

正因如此，现代轿车和各种乘坐车都普遍安装了稳定装置。

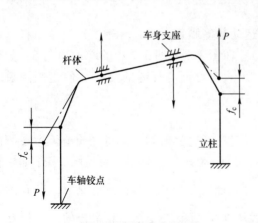

图 3-3 稳定装置的作用原理

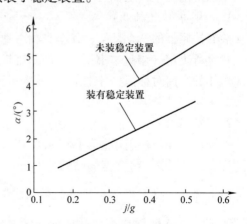

图 3-4 421 型救护车的侧倾角（实测）

一、稳定装置的设计规范

设计稳定装置时，首先需要弄清如下两个问题：

（一）是否需要加装稳定装置（角刚度限值）

对于具体的汽车来说，是否需要加装稳定装置，主要是看整车角刚度值是否够大。整车角刚度由悬架弹性元件的角刚度 $C_{\theta h}$ 和稳定装置的角刚度 $C_{\theta w}$ 两部分构成，即

$$C_\theta = C_{\theta h} + C_{\theta w} \tag{3-1}$$

因此，要不要加横向稳定装置，在假定 $C_{\theta w}=0$ 的情况下，用式（3-2）和式（3-3）来检验：

$$C_{\alpha h} \geq \left(1 + \frac{j}{g\alpha}\right) G' e_r \tag{3-2}$$

式中　$C_{\alpha h}$——整车弹性元件横向角刚度（N·m/rad）；
　　　G'——整车悬架负荷（N）；
　　　e_r——整车侧倾力矩臂（m）；
　　　α——车身侧倾角（rad）；
　　　j——侧向加速度（g）；
　　　g——重力加速度（m/s²）。

对于轿车和各种乘坐车，当侧向加速度 $j=0.4g$ 时，若限定车身侧倾角不得大于 0.058rad（约 3.3°），那么应有

$$C_{\alpha h} \geq 8G' e_r \tag{3-3}$$

由式（3-3）可知，当弹性元件所提供的整车横向角刚度小于 $8G'e_r$ 时，就应考虑加装横向稳定装置。

汽车一般不加纵向稳定装置。但有些汽车，由于轴距过小，纵倾角过大，也可加装纵向稳定装置。到底是否需要加装，可由式（3-4）和式（3-5）来检验：

$$C_{\beta h} \geq \left[\left(1 + \frac{j}{g\beta}\right)e_p + (b_1 - a_1)\frac{j}{g}\right]G' \tag{3-4}$$

式中 $C_{\beta h}$——整车弹性元件纵向角刚度（N·m/rad）；
e_p——整车纵倾力矩臂（m）；
β——车身纵倾角（rad）；
a_1——中性面至前轴的距离（m）；
b_1——簧载质量质心面至前轴的距离（m）。

当 $j = 0.4g$ 时，若令 $a_1 = b_1$，并限定 β 不大于 0.026rad（约 1.3°），那么应有

$$C_{\beta h} \geq 16G'e_p \tag{3-5}$$

式（3-5）说明，当悬架弹性元件所提供的整车纵向角刚度小于 $16G'e_p$ 时，则可考虑加装纵向稳定装置。

至于要加多大尺寸的稳定装置，仍应以式（3-3）和式（3-5）为依据。若 $C_{\alpha h}$ 或者 $C_{\beta h}$ 过小，就大一些；若小得不多，就小一些。结合考虑前后轴角刚度值的情况，直至满足车身倾角的限值。

表 3-1 列出了 6 个车型横向稳定装置的主要参数，以供设计参考。

表 3-1　6 个车型横向稳定装置的主要参数　　　　　　　（单位：mm）

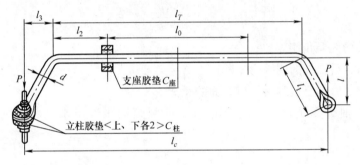

车　　型	l_c	l_0	l_T	l	d
421 救护车	955	820	925	185	20
ZQ6450 轻型客车	945	685	819	290	24
CAQ051 越野车	1000	740	830	290	27
ZQ6600 轻型客车（前）	990	800	906	300	28
ZQ6600 轻型客车（后）	762	660	678	286	28
Liland 大客车	1060	740	1010	385	55

（二）在什么地方加稳定装置（角刚度比限值）

稳定装置可以装于纵向，也可装于横向。横向上，对于二轴汽车，可以装于前轴，也可装于后轴，还可前、后轴同时加装。到底加装在哪里，需要具体分析。

纵向是否需要加装稳定装置，可由式（3-5）判断。然而，对于横向却并非那么简单，它应由整车操纵稳定性和车身受力状况两大因素综合考虑决定。主要是通过稳定装置的设计来控制前后轴角刚度 $C_{\alpha 1}$ 和 $C_{\alpha 2}$ 的分配，亦即控制角刚度比 $\lambda = C_{\alpha 1}/C_{\alpha 2}$ 的大小。现分别研究如下。

1. 保证合理的转向特性

车轴偏离角的大小，是与该车轴的角刚度成正比的。因此，通过稳定装置的设计来调整

整车角刚度在前后轴的分配,就能改变前后轴偏离角的大小,从而改变整车的转向特性趋势。众所周知,角刚度比 $\lambda>1$ 是不足转向趋势;$\lambda=1$ 是中性转向趋势;$\lambda<1$ 是过多转向趋势。单从这一点出发,有资料介绍 λ 值应在 $1\sim2$ 的范围内选取。然而,这是不全面的。事实上,转向特性是由轴荷分配、梯形机构、悬架参数以及轮胎特性和单胎或双胎等因素所决定的。若各因素的综合表现是不足转向过强,则 λ 值可以等于1,甚至小于1。在二轴汽车中,建议当侧向加速度 $j=0.4g$ 时,λ 值按式(3-6)所给的前后轴偏离角差 Δ 来综合选取。

$$\Delta = \delta_1 - \delta_2 = 1° \sim 3° \tag{3-6}$$

式中　δ_1、δ_2——前、后轴偏离角(°)。

2. 消除车身附加力矩

汽车在侧向加速度的作用下,由于各轴簧载质量的大小和质心高度不一样,悬架机构不一样,其各轴所承受的外力矩也就不一样。此时若要保持车身在各轴处的侧倾角相等,则整车横向角刚度在各轴上的分配就必须与之相应。否则,车身将承受一个附加力矩。

对于二轴汽车,保持车身等角侧倾的角刚度比,可按式(3-7)取值:

$$\lambda_e = \frac{e_1 b_2}{e_2 b_1} \tag{3-7}$$

式中　λ_e——等角侧倾角刚度比;

e_1、e_2——前、后轴处的侧倾力矩臂;

b_1、b_2——前、后轴至簧载质量质心面的距离。

如果前、后轴簧载质量质心高度相近,且侧倾轴线近于水平状态时,则 λ 值可用式(3-8)计算:

$$\lambda_e \approx \frac{b_2}{b_1} \tag{3-8}$$

由上述情况可知,横向稳定装置到底是装于前轴,还是装于后轴,或者是前、后轴都装,以及装多大规格,这是一个需综合考虑的问题。它不仅需要衡量车身侧倾角的大小,还要考虑操纵稳定性和车身受力状况等因素,表3-2列出了6个车型的横向角刚度和角刚度比的数值。

表3-2　6个车型的横向角刚度和角刚度比

车型	角刚度/(N·m/rad)							角刚度比	
	前轴弹簧 C_{ah1}	后轴弹簧 C_{ah2}	前稳定器 $C_{\alpha w1}$	后稳定器 $C_{\alpha w2}$	前悬架 $C_{\alpha 1}$	后悬架 $C_{\alpha 2}$	整车 C_α	前/后 λ	稳/簧 K
421 救护车	23645	27099	11932	无	35577	27099	62676	1.31	0.24
CAQ051 越野车	17006	33387	13414	无	30419	33387	63806	0.91	0.27
ZQ6450 轻型客车	15040	39410	25660	无	40700	39410	80110	1.03	0.47
3NC-111 轿车	19110	18130	11760	7252	30870	25382	56252	1.22	0.51
ZQ6600 轻型客车	21522	42574	47580	34681	64096	77255	141351	0.83	0.58
林肯轿车	13132	17442	21168	无	34300	17444	51744	1.97	0.69

二、稳定装置的设计计算

稳定装置的设计计算,包括如下三个任务,现分别予以介绍。

(一) 杆体和橡胶件的变形计算

稳定装置杆体和橡胶件的变形,系指杆体端部在垂直载荷 P 作用下,杆体和橡胶件转换到立柱处垂直方向上的合成位移 (图3-3)。

杆体和橡胶件的合成变形按式 (3-9) 计算:

$$f_c = f'_c + f_R \tag{3-9}$$

式中 f_c ——杆体和橡胶件的合成变形 (mm);

f'_c ——杆体换算到立柱处的变形 (mm);

f_R ——橡胶件换算到立柱处的变形 (mm)。

杆体变形 f'_c 的具体计算公式及其符号意义汇集于表3-3中。普通型杆体变形公式的推导参见本节四的内容。

表3-3列出了六种不同结构形式稳定装置的计算公式。这些形式的出现,皆因总体布置的客观需要。例如CAQ051型越野车,为了躲过摇车把孔,采用了下凹式(B)。又如YJ2020型越野车,为防止减振器干涉,采用了内收式(F)等。橡胶件的变形 f_R 可用式 (3-10) 计算:

表3-3 杆体换算到立柱处的垂直位移

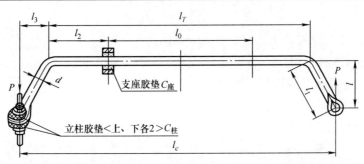

$E = 2.059 \times 10^7 \text{kPa}$ $G = 7.983 \times 10^6 \text{kPa}$ $J = \pi d^4 / 64 \text{cm}^4$ $J_p = \pi d^4 / 32 \text{cm}^4$

类码	结构形式	计算公式
A		$f'_c = \dfrac{l^2 l_T}{2} \dfrac{P}{GJ_p} + \left[\dfrac{l_1^3}{3} + \dfrac{(l_2 + l_3)^2 l_0}{6} + \dfrac{3(l_2 + l_3)l_2 l_3 + l_2^3}{3} \right] \dfrac{P}{EJ} = A_0$
B		$f'_c = A_0 + \dfrac{h l^2 P}{2EJ} + \dfrac{h(l_2 + l_3)(l_2 + l_3 + l_4)(3l_0 - 6l_4 - 2l_5)}{6l_0} \dfrac{P}{EJ}$
C		

(续)

类码	结构形式	计算公式
D		$f'_c = A_0 + F_5 + F_6 + F_7$ $F_5 = \dfrac{[(l_2+l_3)(l_0-2l_4)\sqrt{h^2-l_5^2}+ll_0l_5][(l_2+l_3+l_4)\sqrt{h^2-l_5^2}+ll_5]}{2l_0 h} \dfrac{P}{GJ_p}$ $F_6 = \dfrac{(l_2+l_3)(l_0+2l_3+2l_2)(2h^2-3l_4^2)h}{6l_0 h_4} \dfrac{P}{EJ}$ $F_7 = \dfrac{-(l_2+l_3)[2h^2-(l_2+l_3+l_4)l_5+l\sqrt{h^2-l_5^2}][h^2+(l_2+l_3+l_4)l_5-l\sqrt{h^2-l_5^2}]^2}{6l_4 h^3} \dfrac{P}{EJ}$
E		$f'l_c = A_0 + F'_5 + F'_6 + F'_7$ $F'_5 = \dfrac{[(l_2+l_3)(l_0-2l_4)\sqrt{h^2-l_5^2}-ll_0l_5][(l_2+l_3+l_4)\sqrt{h^2-l_5^2}-ll_5]}{2l_0 h} \dfrac{P}{GJ_p}$ $F'_6 = F_6$ $F'_7 = \dfrac{-(l_2+l_3)\{h^4+3h^2[l_5(l_2+l_3+l_4)+l\sqrt{h^2-l_5^2}]+3[l_5(l_2+l_3+l_4)+l\sqrt{h^2-l_5^2}]^2\}}{3l_4 h^2} \dfrac{P}{EJ}$
F		$f'_c = \dfrac{l_T l^2 P}{2GJ_p} + \dfrac{P}{6EJ}[2(l_1^3+l_2^3)+6(l_3-l_2)l_3 l_2 + (l_3-l_2)^2 l_0]$

$$f_R = \left[\left(\dfrac{l_c}{l_0}\right)^2 \dfrac{1}{C_s} + \dfrac{2}{C_p}\right] P \qquad (3\text{-}10)$$

式中　f_R——橡胶件换算到立柱处的变形（mm）；

　　　C_s——支座胶垫线刚度（N/mm）；

　　　C_p——立柱上下胶垫线刚度（N/mm）；

　　　P——作用于立柱处的垂直载荷（N）；

　　　l_c——立柱中心距（mm）；

　　　l_0——支座中心距（mm）。

（二）杆体和橡胶件的换算线刚度和角刚度

稳定装置的线刚度，系指换算到立柱处的垂直线刚度，它可用式（3-11）计算：

$$C_w = P/f_c \qquad (3\text{-}11)$$

稳定装置的角刚度为

$$C_{\alpha w} = \dfrac{1}{2} C_w l_c^2 \qquad (3\text{-}12)$$

式中　$C_{\alpha w}$——稳定器的角刚度（N·m/rad）；

　　　C_w——稳定器的线刚度（N/m）；

　　　l_c——立柱中心距（m）。

（三）杆体的强度校核

为校核稳定器装置杆体的强度，必须确定作用于杆体端部的垂直载荷 P。要确定 P 就得给出车身的极限侧倾角 α_l。α_l 为

$$\alpha_l = \frac{j/g}{\dfrac{C_\alpha}{G'e_r} - 1} \tag{3-13}$$

式中　α_l——车身的极限侧倾角（rad）；
　　　C_α——整车横向角刚度（N·m/rad）；
　　　G'——簧载负荷（N）；
　　　e_r——侧倾力矩臂（m）；
　　　j——侧向加速度，此处令 $j = 0.8g$。

杆体端部的垂直载荷为

$$P = \frac{1}{2} C_w l_c \alpha_l \tag{3-14}$$

式中　P——杆体端部垂直载荷（N）；
　　　C_w——稳定装置线刚度（N/mm）；
　　　l_c——立柱中心距（mm）；
　　　α_l——极限侧倾角（rad）。

杆体弯臂根部弯曲应力为

$$\sigma = \frac{32Pl_1}{\pi d^3} \tag{3-15}$$

式中　σ——弯臂根部弯曲应力（MPa）；
　　　P——杆端垂直载荷（N）；
　　　l_1——弯臂长度（mm）；
　　　d——杆体直径（mm）。

杆体扭转应力为

$$\tau = \frac{16Pl}{\pi d^3} \tag{3-16}$$

式中　τ——杆体扭转应力（MPa）；
　　　l——弯臂端部至杆体的距离（mm）。

弯臂根部的合成应力为

$$\sigma_n = \sqrt{\sigma^2 + (2\tau)^2} \tag{3-17}$$

三、结构及布置

（一）杆体

杆体结构形式应根据布置需要确定。材料一般选取 $60Si_2Mn$ 等弹簧钢。

为了得到所需的角刚度值，必须选取一个合适的杆体直径。为了充分发挥材料的作用，表 3-3 说明图中的参数 l_c 要争取放大。在 l_c 已定的情况下，l_0 和 l_T 的尺寸也应尽量放大。

此外，应在不产生过大的应力集中和加工允许的条件下，杆体弯臂拐弯处的半径应尽量减小，这是因为尺寸 l_2 一般很小。半径大了，支座胶垫就可能与圆弧部分接触，产生一个有害的轴向力，导致杆体或胶垫窜移，或者挤坏胶垫。

（二）支座胶垫及支座卡子

一般汽车稳定装置的支座都装有支座胶垫，其垂直线刚度一般在 300～500N/mm 的范围内。为防止杆体挤坏和磨损胶垫，胶垫内孔部分，须整体硫化一层帆布带或尼龙织物层。

为避免松动，支座卡子的内口尺寸应稍小于支座胶垫的外口尺寸。安装时，支座卡子的固定螺栓必须拧紧，否则稳定装置的效能将大为降低。

当空间有限时，可采用图 3-5 所示的吊挂式支座。为防止支座胶垫从支座卡子中松脱，胶垫两端可带一凸缘，如图 3-6 所示。

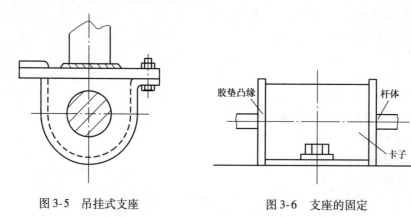

图 3-5　吊挂式支座　　　　　图 3-6　支座的固定

（三）立柱及立柱胶垫

为防止弯曲，两立柱的直径不可过小，且长度应尽量缩短。轿车和轻型车的稳定装置，一般在立柱的上、下部分分别装有两个立柱胶垫。胶垫的垂直线刚度一般在 100～150N/mm 的范围内。

（四）布置安装

稳定装置两立柱的下铰点决定着杆体的位置。横向稳定装置的两个立柱下铰点，在横向上须与车身中心线对称，在纵向上最好装在车轴正上方，以免车轴承受一个附加力矩。

在满载静状态下，杆体弯臂与立柱间的夹角以近于 90°为宜。为避免运动干涉，尚需进行轨迹校核等。

四、普通型杆体变形公式的推导

为使概念清晰，推导不采用能量法，而是按基本的弯曲扭转变形通过隔离刚化处理来推导。杆体变形公式的推导如下：

变形量均为换算到立柱处的垂直位移，故此处只推导普通型的变形公式，参见图 3-7（图中所示为全长，故用字母 L 表示；公式中用半长计算，均用字母 l 表示）。

（1）l_T 段之扭转变形 f_1

扭转角：
$$\phi = \frac{M_{扭} l_T}{GJ_P} (弧度)$$

$$f_1 = \frac{\phi}{2} l = \frac{pll_T l}{2 GJ_P} = \frac{P l_T l^2}{2 GJ_P}$$

（2）l_1 段之弯曲变形 f_2

因为 $\dfrac{1}{\rho(x)} = \dfrac{d^2 y}{dx^2} = \dfrac{M(x)}{EJ}, M(x) = P(l_1 - x)$

$\theta = \dfrac{P}{EJ}\left[l_1 x - \dfrac{x^2}{2} + C\right], (x=0, \theta=0, C=0)$

$y = \dfrac{P}{EJ}\left[\dfrac{l_1}{2}x^2 - \dfrac{x^3}{6} + Cx + D\right], (x=0, y=0, D=0)$

令 $x = l_1$，则有 $f_2 = y = \dfrac{P l_1^3}{3EJ}$

(3) l_2 段之弯曲变形 f_3

$M(x) = P l_3 + P(l_2 - x)$

$\theta = \dfrac{P}{EJ}\left[(l_2 + l_3)x - \dfrac{x^2}{2} + C\right],$

$(x=0, \theta=0, C=0)$

$y = \dfrac{P}{EJ}\left[\dfrac{1}{2}(l_2 + l_3)x^2 - \dfrac{x^3}{6} + Cx + D\right],$

$(x=0, y=0, D=0)$

令 $x = l_2$，则有

$\theta = \dfrac{P}{EJ}\left[(l_2 + l_3)l_2 - \dfrac{l_2^2}{2}\right];$

$y = \dfrac{P}{EJ}\left[\dfrac{1}{2}(l_2 + l_3)l_2^2 - \dfrac{l_2^3}{6}\right]$

$f_3 = y + \theta l_3 = \dfrac{P}{EJ}\left[(l_2 + l_3)l_2 l_3 + \dfrac{l_2^3}{3}\right]$

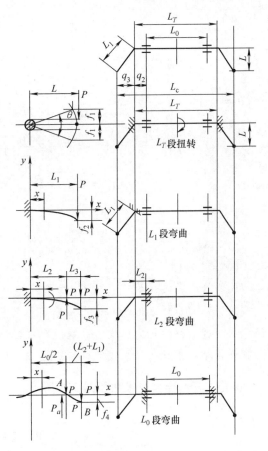

图 3-7　一般结构变形

(4) l_0 段之弯曲变形 f_4

将力 P 由 B 点平移至 A 点，则 A 点受力 P 和一附加力偶矩 $P(l_2 + l_3)$ 作用，A 点处还有一力 P_a。

$$P_a = \dfrac{2(l_2 + l_3) + l_0}{l_0} P$$

A 点处合力是

$$P_a - P = \dfrac{2(l_2 + l_3)}{l_0} P$$

$$M(x) = P(l_2 + l_3) - P\dfrac{2(l_2 + l_3)}{l_0}\left(\dfrac{l_0}{2} - x\right) = -\dfrac{2(l_2 + l_3)}{l_0} P x$$

$$\theta = \dfrac{P}{EJ}\left[\dfrac{(l_2 + l_3)}{l_0} x^2 + C\right], \quad y = \dfrac{P}{EJ}\left[\dfrac{(l_2 + l_3)}{3 l_0} x^3 + Cx + D\right]$$

由 $x = 0, y = 0$，可得

$$D = 0$$

由 $x = \dfrac{l_0}{2}, y = 0$，可得

$$C = -\frac{(l_2 + l_3)l_0}{12}$$

令 $x = \dfrac{l_0}{2}$，则有

$$\theta = \frac{P}{EJ}\left[\frac{(l_2 + l_3)}{l_0}x^2 - \frac{(l_2 + l_3)l_0}{12}\right] = \frac{P}{EJ}\left[\frac{(l_2 + l_3)}{4}l_0 - \frac{(l_2 + l_3)}{12}l_0\right] = \frac{P}{6EJ}(l_2 + l_3)l_0$$

$$y = \frac{P}{EJ}\left[\frac{(l_2 + l_3)}{3l_0}x^3 - \frac{(l_2 + l_3)l_0}{12}x\right] = \frac{P}{EJ}\left[\frac{(l_2 + l_3)l_0^2}{24} - \frac{(l_2 + l_3)l_0^2}{24}\right] = 0$$

$$f_4 = \theta(l_2 + l_3) + y = \frac{P}{6EJ}(l_2 + l_3)^2 l_0$$

于是有

$$f'_c = f_1 + f_2 + f_3 + f_4 = A_0$$

【计算示例】

已知某型车悬挂质体负荷 $G'_a = 16219\text{N}$，侧倾力矩臂 $e_r = 28.7\text{cm}$，原有板簧横向角刚度 $C_{\alpha 簧} = 4890073\text{N}\cdot\text{cm/rad}$，还应在前悬架装设一个角刚度为 $C_{\alpha 稳} = 1957922\text{N}\cdot\text{cm/rad}$ 的稳定杆。稳定杆的几何形状完全取决于可能的布置位置，由于该型车发动机位置较低，转向臂横摆等因素致使加装稳定杆特别困难，故其形状较为复杂。

该稳定杆的布置及参数如图3-8所示。

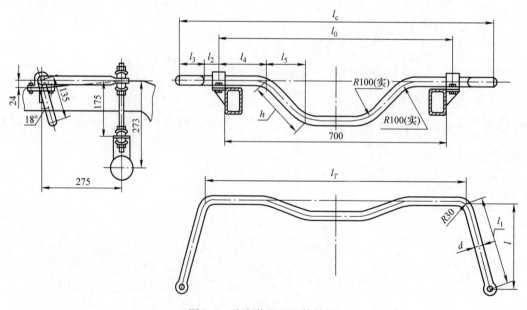

图3-8 稳定装置的具体结构

$l_c = 1000\text{mm}$，$l_T = 830\text{mm}$，$l_0 = 740\text{mm}$，$l = 275\text{mm}$，$l_1 = 287.8\text{mm}$，$l_2 = 45\text{mm}$，$l_3 = 85\text{mm}$，$l_4 = 150\text{mm}$，$l_5 = 120\text{mm}$，$h = 175.7\text{mm}$，$d = 27\text{mm}$。

稳定杆橡胶件换算到立柱处的垂直位移：

$$f_R = \left[\left(\frac{l_c}{l_0}\right)^2 \frac{1}{C_{座}} + \frac{1}{C_{柱上}} + \frac{1}{C_{柱下}}\right]P$$

式中　　l_c——立柱中心距（cm）；

　　　　l_0——支座中心距（cm）；

　　　　$C_{座}$——支座胶垫刚度（N/cm）；

$C_{柱上}$、$C_{柱下}$——立柱上、下胶垫刚度（N/cm）；

　　　　P——立柱处沿立柱方向作用的力（N）。

稳定杆杆体换算到立柱处的垂直位移：

$$f'_C = A_0 + A_1$$

$$A_0 = \left[\frac{l^2 l_T}{2GJ_P} + \frac{l_1^3}{3EJ} + \frac{(l_1+l_2)^2 l_0}{6EJ} + \frac{3(l_2+l_3)l_2 l_3 + L_2^3}{3EJ}\right]P$$

$$A_1 = \left[\frac{hl^2}{2EJ} + \frac{h(l_2+l_3)(l_2+l_3+l_4)(3l_0-6l_4-2l_5)}{6EJl_0}\right]P$$

式中符号参见图3-8，其余符号：

$$E = 2.1 \times 10^6,\ G = 8.1 \times 10^5,\ J = \frac{\pi d^4}{64},\ J_P = \frac{\pi d^4}{32}。$$

注意，稳定杆的材料选为$60Si_2Mn$。

计算时，将d作为变量，从2.4cm计算到3cm，以供选择。计算结果列入表3-4中。

稳定杆换算到立柱处的垂直位移：

$$f_c = f_R + f'_C$$

计算结果列入表3-4中。

稳定杆换算到立柱处的线刚度：

$$C_{稳} = \frac{P}{f}$$

计算结果列入表3-4中。

稳定杆的角刚度：

$$C_{\alpha稳} = \frac{1}{2}C_{稳}\, l_c^2$$

计算结果列入表3-4中。

表3-4　计算结果　　　　　　　　　　$(f_R = 0.014131P)$

d/cm	2.4	2.5	2.6	2.7	2.8	2.9	3.0
$f'_C(xP)$/cm	0.0174	0.0148	0.0126	0.0109	0.0094	0.0082	0.0071
$f_c(xP)$/cm	0.0315	0.0289	0.0267	0.0250	0.0235	0.0223	0.0212
$C_{稳}$/(N/cm)	311	339	366	392	417	440	461
$C_{\alpha稳}$/(N·cm/rad)	1555025	1695949	1831845	1961490	2084039	2198944	2305930

我们要求的稳定杆角刚度为1957922N·cm/rad，表3-4中直径为2.7cm时，角刚度为1961490N·cm/rad，二者最为接近，其相对误差为18‰。

下面进行稳定杆的强度校核。

作用于稳定杆端部的力：

$$P = \left(\frac{l_c}{2}\alpha\right)C_稳$$

式中的 α 为车身在侧向加速度为 $0.8g$ 时的侧倾角，可由下式算出：

$$\alpha = \frac{\dfrac{j}{g}}{\dfrac{C_\alpha}{G'_\alpha e_侧} - 1} = \frac{0.8}{\dfrac{6847995}{16219 \times 28.7} - 1} = 0.058345\text{rad} = 3.34°$$

$$P = \left(\frac{100}{2} \times 0.058345 \times 392\right)\text{N} = 1144\text{N}$$

弯曲应力：

$$\sigma = \frac{M}{W} = \frac{pl_1}{\dfrac{\pi d^3}{32}} = \frac{32 \times 1144 \times 28.78}{\pi \times 2.7^3}\text{N/cm}^2 = 17048\text{N/cm}^2$$

扭转应力：

$$\tau = \frac{M_k}{W_k} = \frac{16pl}{\pi d^3} = \frac{16 \times 1144 \times 27.5}{\pi \times 2.7^3}\text{N/cm}^2 = 8145\text{N/cm}^2$$

合成应力：

$$\sigma_n = [\sigma^2 + 4\tau^2]^{\frac{1}{2}} = [17048^2 + 4 \times 8145^2]^{\frac{1}{2}}\text{N/cm}^2 = 23580\text{N/cm}^2 = 235.8\text{MPa}$$

由计算结果可知，应力很低。

第三节　汽车阻尼元件

在汽车悬架中，如果只有弹性元件而没有摩擦或阻尼元件，那么车身的振动将会永无休止地延续下去，使汽车的行驶平顺性和操纵稳定性变坏。因此悬架设计必须考虑带有衰减振动的阻尼力。钢板弹簧叶片间的干摩擦虽是一种阻尼力，但其数值不稳定，难于控制，所以汽车悬架都装有专用的阻尼元件——减振器。

减振器也叫车身稳定器，它不仅能衰减摆振运动、吸收振动能量、降低垂直振动加速度，而且还可提供角阻尼和阻尼力矩，抵抗车身的纵、横向倾斜，降低角加速度。

汽车悬架中广泛采用的阻尼元件是内部充有液体的液力式减振器。汽车车身和车轮振动时，减振器内的液体在流经阻尼孔时的摩擦和液体的黏性摩擦就会形成振动阻力，将振动能转变为热能，并散发到空气中去，实现衰减振动的目的。

下面分别介绍减振器的分类发展及其设计选用。

一、阻尼元件的分类及发展

（一）减振器的分类

根据结构形式的不同，减振器可分为摇臂式和筒式两种。若按其作用原理，减振器又可分为单向作用式和双向作用式。摇臂式减振器虽然能在比较大的工作压力（10~20MPa）下工作，但其工作特性受活塞磨损和工作温度变化的影响较大，因而已被淘汰。筒式减振器虽然工作压力仅为 2.5～5MPa，但其质量小，工作可靠且适合大批量生产，特别是工作性能稳定，故而在现代汽车上得到了广泛的应用。

筒式减振器又分为单筒式（图 3-9）、双筒式（图 3-10）和充气式三种。

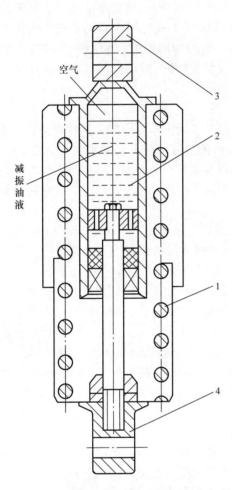

图 3-9　单筒式减振器
1—弹簧　2—阻尼器　3—上吊环　4—下吊环

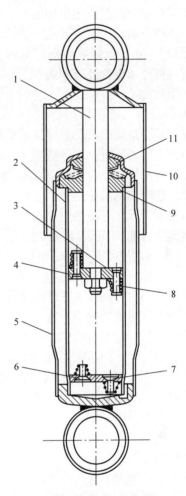

图 3-10　双筒式减振器
1—活塞杆　2—工作缸筒　3—活塞　4—伸张阀
5—储油缸筒　6—压缩阀　7—补偿阀　8—流通阀
9—导向座　10—防尘罩　11—油封

1. 单筒式减振器

单筒式减振器在密封问题、混合液氧化问题、泡沫问题、油液正常消耗后的补充问题等都不易解决，故这种简单式的单筒减振器，只能大多用在轻型摩托车上。双筒式减振器，特别是双筒充气液力减振器具有工作性能稳定，干摩擦阻力小，噪声低，总长度短等优点，故能得到普遍采用。

2. 双筒式减振器

双筒式双向作用减振器一般都具有四个阀（图 3-10），即压缩阀 6、伸张阀 4、流通阀 8 和补偿阀 7。流通阀和补偿阀是一般的单向阀，其弹簧弹力很小，当阀上的油压作用力与弹簧弹力同向时，阀处于关闭状态，而当油压作用力与弹簧力反向时，只要有很小的油压，阀便能开启。压缩阀和伸张阀是卸荷阀,其弹簧刚度较大,预紧力较大,只有当油压增到一定程度时,阀才能开启,而当油压降低到一定程度时,阀即自行关闭。

双向作用筒式减振器的工作原理可分压缩、伸张两个行程加以说明。

（1）压缩行程

当汽车车轮滚上凸起或滚出凹坑时,车轮移近车架（车身）,减振器受压缩,减振器活塞 3 下移。活塞下面的腔室（下腔）容积减小,油压升高,油液经流通阀 8 流到活塞上面的腔室（上腔）。由于上腔被活塞杆 1 占去一部分,上腔内增加的容积小于下腔减小的容积,故还有一部分油液推开压缩阀 6,流回储油缸筒 5。这些阀对油液的节流便造成对悬架压缩运动的阻尼力。

（2）伸张行程

当车轮滚进凹坑或滚离凸起时,车轮相对车身移开,减振器受拉伸。此时减振器活塞向上移动。活塞上腔油压升高,流通阀 8 关闭。上腔内的油液便推开伸张阀 4 流入下腔。同样,由于活塞杆的存在,自上腔流来的油液还不足以充满下腔所增加的容积,下腔内产生一定的真空度,这时储油缸中的油液便推开补偿阀 7 流入下腔进行补充。此时,这些阀的节流作用即造成对悬架伸张运动的阻尼力。

压缩阀的节流阻力应设计成随活塞运动速度而变化。例如,当车架或车身振动缓慢（即活塞向下的运动速度低）时,油压不足以克服压缩阀弹簧的预紧力而推开阀门。此时多余部分的油液便经一些常通的缝隙（图上未画出）流回储油缸。当车身振动剧烈,即活塞向下运动的速度高时,则活塞下腔油压骤增,达到能克服压缩阀弹簧的预紧力时,便推开压缩阀,使油液在很短的时间内,通过较大的通道流回储油缸。这样,油压和阻尼力都不致超过一定限度,以保证压缩行程中弹性元件的缓冲作用得到充分发挥。同样,伸张行程中减振器的阻尼力也应设计成随活塞运动速度而变化。当车轮向下运动速度不大（即活塞向上的运动速度不大）时,油液经伸张阀的常通孔隙（图上未画出）流入下腔,由于通道截面积很小,便产生较大的阻尼力,从而消耗了振动能量,使振动迅速衰减。当车身振动剧烈时,伸张阀开启,通道截面积增大,使油压和阻尼力保持在一定限度以内。这样,可使减振器及悬架系统的某些零件不会因超载而损坏。

由于伸张阀弹簧的刚度和预紧力比压缩阀的大,在同样的油压力作用下,伸张阀及相应的常通缝隙的通道截面积总和小于压缩阀及相应的常通缝隙的通道截面积总和,这就保证了减振器在伸张行程内产生的阻尼力比压缩行程内产生的阻尼力大得多。

（二）减振器的发展

为适应汽车高速、舒适、安全的需要,还研究开发了充气式减振器、阻力可调式减振器、电池自适应式减振器以及电控式减振器等新型减振器,现分别介绍如下。

1. 充气式减振器

充气式减振器是 20 世纪 60 年代以来发展起来的一种新型减振器,按结构分为单筒式、双筒式,按工作介质（油和气）储存方式分为油气分开式和油气混合式。图 3-11 所示为一种单筒油气分开式充气减振器。其结构特点是在缸筒的下部装有一个浮动活塞 2,在浮动活塞与缸筒一端形成的密闭气室 1 中,充有高压（2~3MPa）的氮气。在浮动活塞的上面是减振器的油液。浮动活塞上装有大断面的 O 形密封圈,它把油和气完全分开。工作活塞 7 上装有随其运动速度大小而改变常通截面积的压缩阀 4 和伸张阀 8。此两阀均由一组厚度相同、直径不等,由大到小排列的弹性阀片组成。

当车轮上下跳动时，减振器的工作活塞在油液中做往复运动，使工作活塞的上腔与下腔之间产生油压差，压力油便推开压缩阀或伸张阀而来回流动，从而产生拉伸或压缩阻尼力。由于活塞杆的进出而引起的缸筒储油容积的变化，由浮动活塞的上下运动来补偿。

这种充气式减振器的优点是结构简单，成本低；油气分开，消除了油的乳化现象。

其缺点是长度较长，对于活塞杆直径大、行程长（即储油缸容积变化大）的减振器不太适合。

双筒式充气减振器一般采用油气混合式，其结构与普通双筒减振器基本相同。图3-12所示为日本KYB公司为克莱斯勒公司T115车生产的双筒充气式减振器，其储油缸内充有

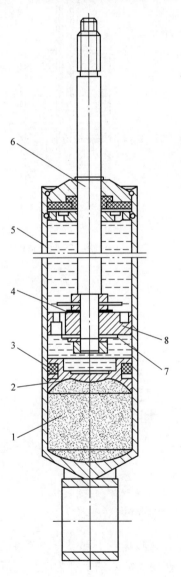

图3-11 单筒充气式减振器
1—密闭气室 2—浮动活塞 3—O形密封圈
4—压缩阀 5—工作缸 6—活塞杆
7—工作活塞 8—伸张阀

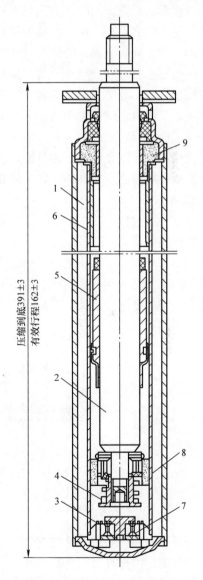

图3-12 双筒充气式减振器
1—高压氮气 2—活塞杆 3—补偿阀 4—伸张阀
5—限位阀 6—工作缸 7—压缩阀
8—活塞环 9—导向座

0.4～1MPa 的氮气，当活塞杆向外抽出时，高压气体就压迫储油缸下部的油液通过补偿阀进入工作缸内。

由于充气式减振器活塞杆拉伸时，需补偿的油液上存在一个较高的气压，保证了减振器高频振动时的补油及时，从而消除了减振器的外特性高频畸变、空程及噪声等问题，同时也可防止汽车停车时减振器不用，油液泄漏使得空气进入工作缸内而产生所谓的"早晨病"。

2. 阻力可调式减振器

图 3-13 所示为阻力可调式减振器的示意图，装有这种减振器的悬架系统采用了刚度可变的空气弹簧。其工作过程是，当汽车的载荷增加时，空气囊中的气压升高，则气室内的气压也随之升高，使膜片向下移动与弹簧产生的压力相平衡。与此同时，膜片带动与它相连的柱塞杆和柱塞下移，使得柱塞相对空心连杆上的节流孔的位置发生变化，结果减小了节流孔的通道截面积，从而增加了油液流动阻力。反之，当汽车载荷减小时，柱塞上移，增大了节流孔的通道截面积，从而减小了阻尼力，因此达到了随汽车载荷的变化而改变减振器阻力的目的。

这种减振器有可能用于高档大客车或高级轿车上。

3. 电液减振器

图 3-14 所示为自适应式减振器示意图，它是采用电流变体智能材料实现调节阻尼力大小的。其工作原理是，电流变体流体在外加强电场作用下，它的流变性会发生突变，由流动的低黏度液体变为难流动的高黏度塑性类固体。而当撤去外加电场后，又可在瞬间内恢复到液态。

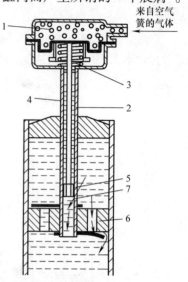

图 3-13 阻力可调式减振器
1—气室 2—空心连杆 3—弹簧
4—内绝缘筒 5—外极板
6—密封及导向座组件 7—电流变体

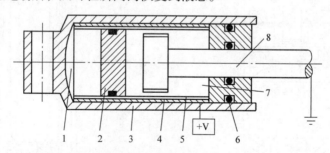

图 3-14 自适应减振器结构方案示意
1—密封气室 2—浮动活塞 3—工作缸外筒 4—内绝缘筒 5—外极板
6—密封及导向座组件 7—电流变体 8—工作活塞组件（内极板）

这种减振器的结构形式与单筒充气式减振器相似，在减振器下部设有一个浮动活塞，形成一个密闭气室，内充有高压（2～3MPa）的氮气，在浮动活塞的上部为电流变流体。伸张和压缩过程可以共用一个阻尼通道。其阻尼力的大小是通过改变电场强度使流体粘黏度改变而实现的。

图 3-15 所示为自适应减振器的控制原理图。

4. 电控式减振器

目前广泛采用的液力减振器属于被动型减振器，减振器结构及参数一经确认，其阻尼特性也就随之固定了。自20世纪70年代以来，国外一直致力于主动悬架研究，目前已经取得了很大进展，研究成果已在一些高级轿车上得到了应用。主动悬架分为全主动悬架和半主动悬架。全主动悬架

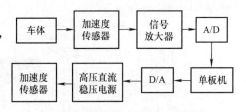

图 3-15　自适应减振器控制原理

以一个液压缸代替弹簧和减振器，液压缸的阻尼力和位移是通过将反馈回来的代表车身的绝对速度，以及车身与路面之间相对位移的电信号输入到一个控制液压缸的伺服阀而实现的。其控制原理如图 3-16 所示。图 3-17 和图 3-18 所示为两种系统简图。

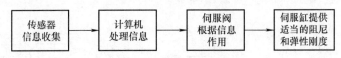

图 3-16　全主动悬架控制原理图

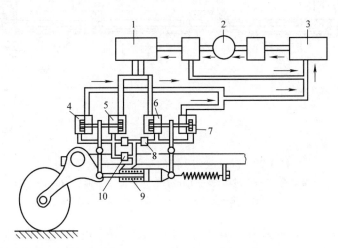

图 3-17　一种主动悬架系统

1—高压储液装置　2—液压泵　3—低压储液装置　4~8、10—液压阀　9—液压缸

全主动悬架需要发动机提供数千瓦的动力，结构比较复杂，制造精度要求高。目前，其控制理论还未成熟。

半主动悬架相比全主动悬架结构简单，成本低，工作可靠。其核心部分是可调阻尼减振器。图 3-19 所示为其系统结构示意图。半主动悬架技术比较成熟，已在很多车型上得到了应用。

Boge 公司生产的充气式双筒式弹簧柱如图 3-20 所示。它具有弹性液压式拉伸行程限位器和电控的三档阻尼调节器。安装在外套筒 1 上的两个电磁阀通入环形通道 5 内。通道 5 经孔 4 与工作缸筒 3 中的工作腔相连。如果阀体 7 接通进油孔 6，则油液自环形通道流出，经前开口 8 顶开弹簧组件 9，在经此流入补偿腔 10。阻尼特性由在活塞上的伸张阀（或底部的压缩阀）和随后接通的电磁阀中的液流阻力共同决定。如果两个电磁阀都不开启，则阻尼特性处在最硬档。在两个电磁阀中有一个开启时，阻尼特性处在次硬档。而两个电磁阀同时

开启时，阻尼特性最软。

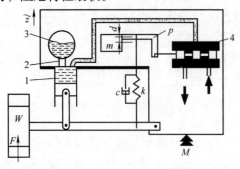

图 3-18　另一种主动悬架系统　　　　图 3-19　半主动悬架系统结构
1—液压缸　2—液压减振器　3—空气弹簧　4—液压阀

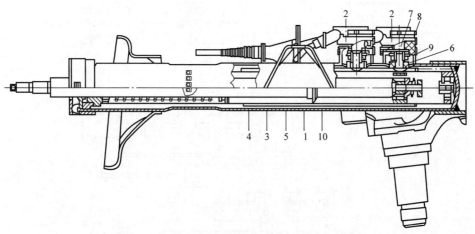

图 3-20　Boge 公司生产的充气式双筒式弹簧柱
1—外套筒　2—电磁阀　3—工作缸筒　4—孔　5—通道　6—进油孔
7—阀体　8—前开口　9—弹簧组件　10—补偿腔

图 3-21 所示为一种转阀控制三级可调减振器，调节步进电动机带动阀芯转动，使得控制阀孔具有关闭、小开、全开三个位置，对应产生三种阻尼特性（图 3-22）。

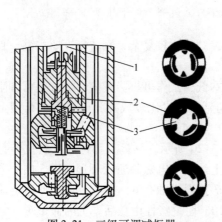

图 3-21　三级可调减振器
1—调节电动机　2—阀芯　3—控制阀芯

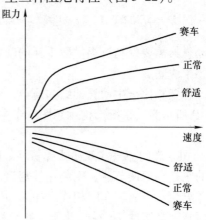

图 3-22　阻尼特性曲线

二、阻尼元件的设计选用

本书介绍的减振器的设计，主要是针对具体的悬架选定减振器的阻尼特性、主要参数及其合理的布置位置等。主要参数系指阻尼比、阻尼系数，最大卸荷力以及工作缸径等。

（一）阻尼特性

减振器的阻尼特性系指阻力－位移特性和阻力－速度特性，如图3-23所示。

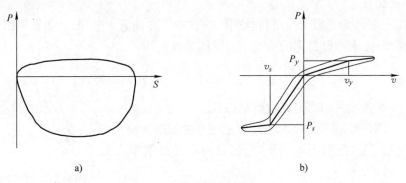

图3-23 减振器的特性
a）阻力－位移特性 b）阻力－速度特性

阻力－位移特性图也叫示功图，它所显示的是阻尼力 P 在一个周期内所做的功。减振器的阻尼力 P 与减振器的振动速度之间有着如下的关系：

$$p = Kv^n \tag{3-18}$$

式中　K——阻尼系数；

　　　n——速度指数。

在减振器卸荷阀打开之前，$P-v$ 特性保持线性关系，即 $n=1$。$P-v$ 特性曲线系由4段近似直线的线段组成，其中压缩行程和伸张行程各占两段。特性曲线的斜率便是减振器的阻尼参数，即 $K=P/v$，所以减振器有四个阻尼系数。在没有特别指明时，阻尼系数是指卸荷阀开启前的阻尼系数。通常压缩行程的阻尼系数 $K_y=P_y/v_y$ 与伸张行程的阻尼系数 $K_s=P_s/v_s$ 是不相等的。为防止悬架过大地传递地面的冲击，其压拉比 ξ 一般可取值为

$$\xi = K_y/K_s \approx \frac{1}{4} \sim \frac{1}{2} \tag{3-19}$$

ξ 值轿车取低一些，越野车可取高一些，为减少汽车制动时的车身纵向位移，降低角减速度，前悬架减振器的压拉比应大于后悬架减振器的压拉比。

悬架阻尼系数 K 应是压缩行程阻系数 K_y 和复原行程阻尼系数 K_s 的均值，即

$$K = (K_y + K_s)/2 \tag{3-20}$$

（二）阻尼比

阻尼比也叫相对阻尼系数，它是评价悬架性能好坏的重要参数之一，是悬架"软"或"硬"的标志，是振动衰减快慢的标志，其表达式为

$$\psi = K/(2\sqrt{Cm}) \tag{3-21}$$

由式（3-21）可知，所谓相对阻尼系数，就是相对于悬挂质体质量 m 和悬架系统刚度

C 的一个系数。它是悬架设计所提供的技术指标，有了这个指标，就可据此选定阻尼系数 K 了。如果所论悬架的 C 值和 m 值较大，就应把悬架搞"硬"一点，把阻尼系数 K 值取大一点，反之则取小一点。

阻尼比 ψ，在压拉行程的平均值一般在 0.2 ~ 0.4 范围内，如果弹性元件无内摩擦，则可取为 $\psi = 0.25 \sim 0.35$。

（三）阻尼系数

1. 阻尼系数表达式

减振器的阻尼系数系阻力速度特性曲线的斜率，亦即 $K = \mathrm{d}p/\mathrm{d}v$。在悬架刚度 C 和悬架质量 m 以及阻尼比 ψ 均已给定的情况下，阻尼系数 K 为

$$K = \frac{2\sqrt{Cm}}{\cos\delta}(\psi - \psi_{簧}) \qquad (3-22)$$

式中 $\psi_{簧}$——弹性元件的当量相对阻尼系数。

δ——减振器轴线 $J_d J_u$ 与 CJ_d 线的垂线之间的夹角，点 C 是减振器下支点 J_d 的运动瞬心（悬架中心），如图 3-24 所示。

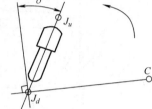

图 3-24 减振器的布置角度

当量相对阻尼系数可用下式计算：

$$\psi_{簧} = \frac{1}{\sqrt{1 + (2\pi/\ln\tau)^2}} \qquad (3-23)$$

式中 τ——相邻周期振幅比，即 $\tau = A_i/A_{i+1}$，它可由去掉减振器的试验曲线测出。在设计新车之前，可根据板簧的片数和长度酌情取值。

利用式 (3-22)，在设计时便可确定减振器的阻尼系数了。然而，一旦减振器制作出来之后，又如何按示功图来确定和检验它的阻尼系数呢？

2. 按示功图确定阻尼系数

利用示功图确定减振器阻尼系数的方法很多，同一个示功图，采用不同的方法处理，得出的阻尼系数值却相差很大，因此有必要来研究一下这个问题。

现介绍下列三种方法：特定值法、$P-v$ 图法、平均值法。

在分析研究之前，先简单介绍一下汽车减振器试验台和示功图的有关情况。

减振器性能试验台的工作原理如图 3-25 所示。老式试验台的规范是转速 $n = 100\mathrm{r/min}$，滑块 A 的行程 S_0 取为 100mm。S_0 是曲柄长度 R 的 2 倍，且是减振器活塞的实际行程。减振器缸筒下端 B 和扭杆弹簧 $O_2 B$ 相连，故活塞与缸筒的相对行程 S 小于 S_0。记录板随滑块上、下平移，画针 $O_2 a$ 由弹簧杆牵动。

老式"双百规范"试验台的活塞速度 $v = 0.52\mathrm{m/s}$，这是一个需要提高的速度。目前我国个别公司产品的 v 值已接近 1m/s，国外已有大于 2.5m/s 而不畸变的减振器。

当曲柄机构运动时，画针端点 a 在记录板上留下的迹线便是示功图。它的横坐标代表阻力，纵坐标代表位移，面积代表功。每个试验台都有各自的校正系数 $\alpha_{校}$。而且压缩行程的校正系数 $\alpha_{压校}$ 和复原行程的校正系数 $\alpha_{拉校}$ 在数值上还不一定相等。$\alpha_{校}$ 和横坐标数值 A 之积才是减振器的阻力 P。最大压缩阻尼力为

$$P_{压\max} = \alpha_{压校} A_{压\max}$$

最大复原阻尼力为

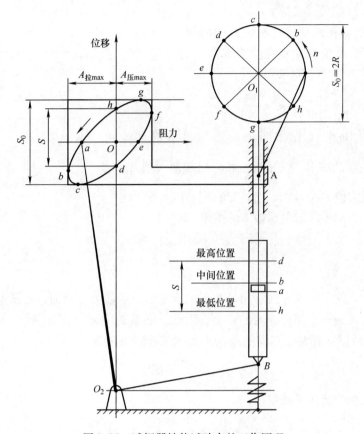

图 3-25 减振器性能试验台的工作原理

$$P_{拉max} = \alpha_{拉校} A_{拉max}$$

$\alpha_{校}$ 和示功图的面积 F 之积是减振器所做的功 W。压缩行程的面积（S_{defghd}）$F_{压}$ 与 $\alpha_{压校}$ 之积代表压缩行程所做的功 $W_{压}$，即 $W_{压} = \alpha_{压校} F_{压}$。复原行程的面积（$S_{habcdh}$）$F_{压}$ 与 $\alpha_{拉校}$ 之积代表复原行程所做的功 $W_{拉}$，即

$$W_{拉} = \alpha_{拉校} F_{拉}$$

我们知道，在工作范围内，一般认为阻尼力为

$$P = Kv$$

式中 v——活塞的相对速度。

阻尼系数 K 又分为压阻系数 $K_{压}$ 和拉阻系数 $K_{拉}$。而总的周期阻尼系数为

$$K = \frac{K_{压} + K_{拉}}{2}$$

为减少传递到车身上的冲击，保证车轮与地面的良好附着，压阻系数和拉阻系数的比值 $\xi = \dfrac{K_{压}}{K_{拉}}$ 一般取 $\dfrac{1}{4} \sim \dfrac{1}{2}$。为减少制动时车身的角加速度，前桥的压拉阻尼系数比应大于后桥，即 $\xi_1 > \xi_2$。

下面首先介绍三种按示功图确定阻尼系数的方法，然后分析研究每种方法的优劣。

(1) 三种方法的公式推导

1) 特定值法。在曲柄连杆机构式的减振器试验台上,活塞的运动速度是和曲柄端点在垂直方向上的运动速度 v_θ 相关的,参见图 3-25 和图 3-26。

$$v_\theta = \frac{2\pi Rn}{60}\cos\theta = \frac{\pi S_0 n}{60}\cos\theta \qquad (3\text{-}24)$$

当曲柄端点在 a、e 位置时,v_θ 达到最大值 $v_{\max} = \frac{\pi S_0 n}{60}$,而此时在示功图上,横坐标也相应出现最大值 $A_{\max}$,即阻力也出现最大值 $P_{\max} = \alpha_{校} A_{\max}$。所谓特定值法,就是抓住这种特定点,来推求阻尼系数 K。亦即

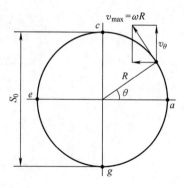

图 3-26 v_m 与 v_θ 的关系

$$K_{特} = \frac{P_{\max}}{v_{\max}} = \frac{\alpha_{校} A_{\max}}{\frac{\pi S_0 n}{60}} = \frac{60\alpha_{校}}{\pi S_0 n} A_{\max} \qquad (3\text{-}25)$$

当前,不少人就是按此方法利用示功图来确定阻尼系数的。然而,在试验台中,减振器的下支点是被连接到一个扭杆弹簧的臂上,因此,活塞的实际行程 S_0 就要大于活塞相对于缸筒的行程 S,故活塞相对于缸筒的运动速度建议近似表示为

$$v_\theta = \frac{\pi Sn}{60}\cos\theta$$

由此,阻尼系数应按下式取值:

$$K_{特} = \frac{60\alpha_{校}}{\pi Sn} A_{\max} \qquad (3\text{-}26)$$

活塞相对速度的这种近似计算方法是否可靠呢?这仍是一个问题,严格的方法,应该是从理论上找出活塞相对速度与减振器及试验台相关参数的关系。然后,再按下式推求阻尼系数:

$$K_{特} = \frac{P_{\max}}{v_{\max}} = \frac{P_{\max}}{\left[\frac{dz}{dt}\right]_{\max}} = P_{\max}/(dz/dt)_{\max}$$

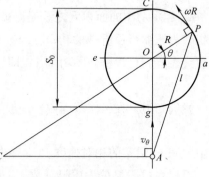

图 3-27 v_θ 的推求

$$(3\text{-}27)$$

先利用图 3-27 的关系导出 $v_\theta = f(\theta)$ 的关系式。在图 3-27 中,曲柄长度 $R = S_0/2$,连杆长度为 l,θ 是曲柄的任意转角,C 是连杆端点 A、P 的运动瞬心,ω 是曲柄的角速度。

曲柄端点的线速度 ωR 与连杆下端点 A 在垂直方向上的运动速度 v_θ 有如下的关系:

$$v_\theta = \frac{\overline{CA}}{\overline{CP}}\omega R = \frac{\overline{OA}\cot\theta}{\frac{\overline{OA}}{\sin\theta} + R}\omega R = \frac{\overline{OA}\cos\theta}{\overline{OA} + R\sin\theta}\omega R$$

$$= \left(1 - \frac{R\sin\theta}{\sqrt{l^2 - R^2\cos^2\theta}}\right)\cos\theta\,\omega R$$

$$|OA| = \sqrt{l^2 - R^2\cos^2\theta} - R\sin\theta$$

$$v_\theta = \left[1 - \frac{\sin\theta}{\sqrt{(l/R)^2 - \cos^2\theta}}\right]\cos\theta\omega R \qquad (3\text{-}28)$$

再来推求活塞与缸筒的相对位移 Z 与曲柄转角 θ 的关系。如图 3-28 所示，Z 是滑块位移 Z_1 与缸筒（下支点）位移 Z_2 的差，即

$$Z = Z_1 - Z_2$$

而

$$Z_1 = R\sin\omega t$$

$$dZ = dZ_1 - dZ_2$$

$$dZ_1 = R\cos\omega t d(\omega t)$$

对于 dZ_2 这一项，我们必须先找出 $Z_2 = f(\omega t)$ 这个函数的关系式，才能求得。

若假设阻尼力是速度的线性函数，且不计加速阻力，那么由缸筒的力平衡关系，可得如下方程：

$$K\frac{dZ}{dt} - CZ_2 = 0$$

式中 C——扭杆的换算线刚度。

再将 $dZ = R\cos\omega t d(\omega t) - dZ_2$ 代入上式，便得到

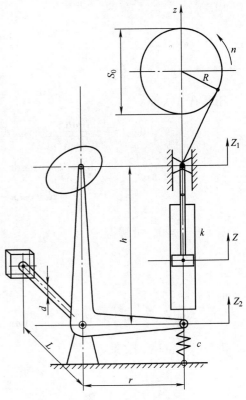

图 3-28　Z 与 θ 的关系

$$\frac{dZ_2}{dt} + \frac{C}{K}Z_2 - R\omega\cos\omega t = 0 \qquad (3\text{-}29)$$

根据 $\dot{Z}_2 + P(t)Z_2 = Q(t)$ 和 $Z_2 = \dfrac{\int Q(t)e^{\int P(t)dt}dt}{e^{\int P(t)dt}}$，可求得：

$$Z_2 = R\omega\frac{\omega\sin\omega t + \dfrac{C}{K}\cos\omega t}{\left(\dfrac{C}{K}\right)^2 + \omega^2}$$

$$= R\omega\frac{K^2\omega\sin\omega t + KC\cos\omega t}{C^2 + K^2\omega^2}$$

$$= \frac{R\omega K}{C^2 + K^2\omega^2}\sqrt{C^2 + K^2\omega^2}\left(\frac{K\omega}{\sqrt{C^2 + K^2\omega^2}}\sin\omega t + \frac{C}{\sqrt{C^2 + K^2\omega^2}}\cos\omega t\right)$$

若令

$$\frac{K\omega}{\sqrt{C^2 + K^2\omega^2}} = \cos\varphi, \quad \frac{C}{\sqrt{C^2 + K^2\omega^2}} = \sin\varphi$$

则

$$Z_2 = \frac{R\omega K}{C^2 + K^2\omega^2}(\cos\varphi\sin\omega t + \sin\varphi\cos\omega t) = \frac{R\omega K}{C^2 + K^2\omega^2}\sin(\omega t + \varphi) \qquad (3\text{-}30)$$

由于

$$\tan\varphi = \frac{C}{K\omega}$$

$$\omega = \frac{\pi n}{30}$$

于是有

$$\mathrm{d}Z_2 = \frac{K\omega R}{\sqrt{C^2 + K^2\omega^2}}\cos\omega t\,\mathrm{d}(\omega t) = R\cos\varphi\cos(\omega t + \varphi)\,\mathrm{d}(\omega t)$$

$$\mathrm{d}Z = R\omega\cos\omega t\,\mathrm{d}t - R\omega\cos\varphi\cos(\omega t + \varphi)\,\mathrm{d}t \tag{3-31}$$

$$\frac{\mathrm{d}Z}{\mathrm{d}t} = R\omega\cos\omega t - R\omega\cos\varphi\cos(\omega t + \varphi) \tag{3-32}$$

令 $v = \dfrac{\mathrm{d}Z}{\mathrm{d}t} = 0$，可解得

$$\tan\omega t = -\frac{C}{K\omega}$$

即

$$(\omega t)_{v=0} = -\varphi$$

再令 $\dfrac{\mathrm{d}v}{\mathrm{d}(\omega t)} = 0$，又求得

$$\cot\omega t = \tan\varphi$$

$$\frac{\mathrm{d}^2 v}{(\mathrm{d}\omega t)^2} = R\omega\{\cos\varphi\cos(\omega t + \varphi) - \cos\omega t\} < 0$$

所以 $v' = 0$ 时的相位值是 v 获得极大值的点，即 $(\omega t)_{v=v_{\max}} = \left(\dfrac{\pi}{2} - \varphi\right)$ 时，活塞相对于缸筒的速度达到极大值，为

$$v_{\max} = R\omega\cos\left(\frac{\pi}{2} - \varphi\right) = R\omega\sin\varphi = \frac{R\omega C}{\sqrt{C^2 + K^2\omega^2}} \tag{3-33}$$

活塞相对速度由 0 变到最大值之间的相位角为

$$\left[\left(\frac{\pi}{2} - \varphi\right) - (-\varphi)\right] = \frac{\pi}{2}$$

这是符合规律的。由于阻尼等因素的影响，活塞相对速度与曲柄机构的运动关系滞后了一个角度 $\left(\dfrac{\pi}{2} - \varphi\right)$，如图 3-29 所示。显然，$\varphi$ 值越大，滞后角就越小，而 $\tan\varphi = \dfrac{C}{K\omega}$，故滞后角和扭杆刚度 C 成反比，与试验台的角速度 ω 及阻尼系数 K 成正比。

我们既然已找到了活塞相对于缸筒的最大速度，那就可回过头来从理论上推求特定值法的阻尼系数了。

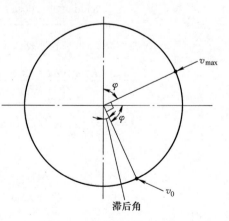

图 3-29 相位角与滞后角

因为

$$v_{\max} = \frac{R\omega C}{\sqrt{C^2 + K^2\omega^2}} = \frac{P_{\max}}{K}$$

解此方程便可得

$$K_{特} = \frac{C}{\omega}\sqrt{\frac{1}{R^2C^2 - P_{\max}^2}}P_{\max}$$

$$= \frac{C}{\omega}\sqrt{\frac{1}{\left(\dfrac{RC}{P_{\max}}\right)^2 - 1}}$$

$$= \frac{C}{\omega}\sqrt{\frac{1}{(RC/P_{\max})^2 - 1}} \tag{3-34}$$

由式（3-34）可见，这种试验台所能测的最大力，不能超过曲柄半径和换算线刚度之积，即

$$RC \geqslant P_{\max}$$

下面根据图 3-30 来推求扭杆的换算线刚度 C。设 K_φ 为扭杆的扭转刚度，从材料力学可知

$$K_\varphi = \frac{\pi Gd^4}{32L}$$

式中 d——扭杆的直径；

L——扭杆的有效长度，如图 3-28 所示。

按照扭转刚度的定义：

$$K_\varphi = \frac{\mathrm{d}M}{\mathrm{d}\alpha} = \frac{r\mathrm{d}P}{\mathrm{d}\alpha} = \frac{rC\mathrm{d}S}{\mathrm{d}\alpha} = \frac{rCr\mathrm{d}\alpha}{\mathrm{d}\alpha} = Cr^2$$

故

$$C = \frac{K_\varphi}{r^2} = \frac{\pi Gd^4}{32r^2L} \tag{3-35}$$

式中 r——扭杆弹簧臂的长度。

附带推求一下校正系数 $\alpha_{校}$ 与换算线刚度的关系。按定义，校正系数是作用在扭杆弹簧臂端点上的造成画针端点横向单位位移的纵向力。因此：

$$\alpha_{校} = \frac{\mathrm{d}P}{A} = \frac{C\mathrm{d}S}{A} = \frac{Cr\mathrm{d}\alpha}{h\mathrm{d}\alpha} = C\frac{r}{h}$$

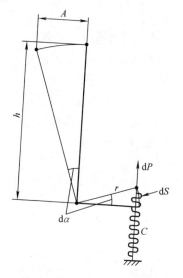

图 3-30 扭杆的换算线刚度

所以有

$$\alpha_{校} = C\frac{r}{h} \tag{3-36}$$

2) $P-v$ 图法。所谓 $P-v$ 图法，就是阻力 - 速度特性曲线法，如图 3-31 所示。

由特定值法可知，根据示功图可确定最大阻力，以及活塞的相对行程 S，再根据试验台的转速，又可算出相应的最大速度，一张示功图便可在坐标系上定出两个点来。每一张示功图不仅和给定转速相对应，而且和曲柄的长度 $R = S_0/2$ 的大小有关系，在同一试验台上，若逐次改变曲柄的长度便可画出一族示功图来，如图 3-32 所示，从而便可找到若干个阻力随速度变化的点了。把这些点连接起来的曲线便是阻力 - 速度特性曲线。这条曲线的斜率就

是减振器的阻尼系数。即

$$K_{P-v} = \tan\alpha_{特} \tag{3-37}$$

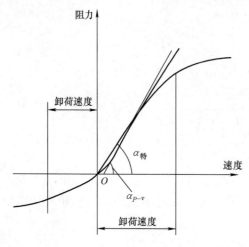

图 3-31　阻力 – 速度特性曲线　　图 3-32　示功图族

3）平均值法。所谓平均值法，就是利用示功图的面积 F，找出平均阻力 $P_{平}$，再根据试验台的工作原理，推算出活塞的平均速度 $v_{平}$。这二者的比值 $K_{平} = P_{平}/v_{平}$ 就是按平均值法所确定的阻尼系数。

平均速度可以利用显示在示功图上的活塞的相对位移 S 来计算，也可以从理论上推算。因此平均值法也有几种情况。

① 第一种情况。

$$v_{平} = \frac{2Sn}{60} = \frac{Sn}{30}$$

$$P_{平} = \frac{W}{S} = \frac{\alpha_{校} F}{S}$$

平均阻尼系数：

$$K_{平} = \frac{\alpha_{校} F}{S} \bigg/ \frac{Sn}{30} = \frac{30\alpha_{校} F}{S^2 n} \tag{3-38}$$

② 第二种情况。活塞相对速度的平均值理论上为

$$v_{平} = \int_{-\varphi}^{(\frac{\pi}{2}-\varphi)} v_\alpha \mathrm{d}\alpha \bigg/ \frac{\pi}{2} = \int_{-\varphi}^{(\frac{\pi}{2}-\varphi)} R\omega[\cos\alpha - \cos\varphi\cos(\alpha+\varphi)]\mathrm{d}\alpha \bigg/ \frac{\pi}{2}$$

$$= \frac{2}{\pi} R\omega\sin\varphi = \frac{2}{\pi} v_{max} = \frac{2}{\pi} \frac{R\omega C}{\sqrt{C^2 + K^2\omega^2}}$$

所以平均阻尼系数为

$$K_{平} = \frac{P_{平}}{v_{平}} = \frac{\alpha_{校} F}{S} \frac{\pi}{2} \frac{\sqrt{C^2 + K^2\omega^2}}{R\omega C}$$

故

$$\left(\frac{2R\omega CSK_{平}}{\pi F\alpha_{校}}\right)^2 = C^2 + K_{平}^2 \omega^2$$

$$K_{平} = \frac{C}{\omega}\left[\left(\frac{2RCS}{\pi F\alpha_{校}}\right) - 1\right]^{-\frac{1}{2}} \tag{3-39}$$

③ 第三种情况。若令理论平均速度 $\frac{2R\omega}{\pi}\sin\varphi = \frac{Rn}{15}\sin\varphi$ 与按活塞相对位移 S（显示于示功图上的）推算的平均速度 $\frac{Sn}{30}$ 二者相等（令最大速度相等也一样），即

$$\frac{Rn}{15}\sin\varphi = \frac{Sn}{30}$$

那么便有

$$\sin\varphi = \frac{S}{2R} = \frac{S}{S_0}$$

进而得

$$\varphi = \arcsin\left(\frac{S}{S_0}\right)$$

此式可用来推算出滞后角。

再由于

$$\sin\varphi = C/\sqrt{C^2 + K^2\omega^2} = S/S_0$$

解此方程便可得

$$K_{平} = \pm\frac{30C}{\pi nS}\sqrt{S_0^2 - S^2} \tag{3-40}$$

（2）三种方法的计算示例

我们曾用英国 Armstrong red max4 型阻力可调式减振器，在原北汽设计科试验台上画过一个示功图（图 3-33）。该试验台的有关参数：转速 $n = 100\text{r/min}$，滑块实际行程 $S_0 =$

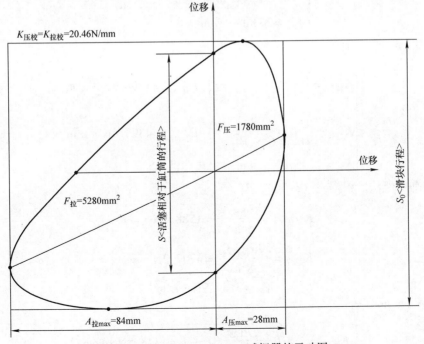

图 3-33 Armstrong red max4 减振器的示功图

10.2cm，活塞相对行程 $S=8.3$cm；扭杆参数：直径 $d=2.15$cm，有效长度 $L=37$cm，扭臂长度 $r=30$cm，画针长度 $h=72.5$cm。

由于该试验台扭杆的扭转刚度正反向一致（实测结果），故换算刚度和校正系数均可直接算出。

换算刚度为

$$C=\frac{\pi Gd^4}{32rL}=\frac{3.14\times8\times10^5\times2.15^4\times g}{32\times30^2\times37}\text{N/cm}=494.2\text{N/cm}$$

校正系数为

$$\alpha_{校}=C\frac{r}{h}=494.2\times\frac{30}{72.5}\text{N/cm}=204.5\text{N/cm}$$

实测数据为202.9N/cm，可见误差极微小。

下面分别计算阻尼系数。

1）按特定值法。根据式（3-25），有

$$\begin{cases}K_{特压}=\dfrac{60\alpha_{校}}{\pi S_0 n}A_{压max}=1072.5\text{N}\cdot\text{s/m}\\K_{特拉}=\dfrac{60\alpha_{校}}{\pi S_0 n}A_{拉max}=3217.5\text{N}\cdot\text{s/m}\\K_{特}=2145\text{N}\cdot\text{s/m}\end{cases}$$

根据式（3-26），有

$$\begin{cases}K_{特压}=\dfrac{60\alpha_{校}}{\pi S n}A_{压max}=1318\text{N}\cdot\text{s/m}\\K_{特拉}=\dfrac{60\alpha_{校}}{\pi S n}A_{拉max}=3954\text{N}\cdot\text{s/m}\\K_{特}=2636\text{N}\cdot\text{s/m}\end{cases}$$

根据式（3-34），有

$$\begin{cases}K_{特压}=\dfrac{C}{\omega}\left(\dfrac{1}{R^2C^2-P_{压max}^2}\right)^{\frac{1}{2}}P_{压max}=1098.3\text{N}\cdot\text{s/m}\\K_{特拉}=\dfrac{C}{\omega}\left(\dfrac{1}{R^2C^2-P_{拉max}^2}\right)^{\frac{1}{2}}P_{拉max}=4393.4\text{N}\cdot\text{s/m}\\K_{特}=2745.8\text{N}\cdot\text{s/m}\end{cases}$$

2）按平均值法。根据式（3-38），有

$$K_{平压}=\frac{30\alpha_{压校}f_{压}}{S^2 n}=1588.7\text{N}\cdot\text{s/m}$$

$$K_{平拉}=\frac{30\alpha_{拉校}f_{拉}}{S^2 n}=4707.2\text{N}\cdot\text{s/m}$$

$$K_{平}=3147.9\text{N}\cdot\text{s/m}$$

根据式（3-39）有

$$K_{平压}=\frac{C}{\omega}\sqrt{\left(\frac{2RCS}{\pi F_{压}\alpha_{压校}}\right)^2-1}=1343.5\text{N}\cdot\text{s/m}$$

$$K_{\text{平拉}} = \frac{C}{\omega}\sqrt{\left(\frac{2RCS}{\pi F_{\text{压}}\alpha_{\text{拉校}}}\right)^2 - 1} = 6541 \text{N} \cdot \text{s/m}$$

$$K_{\text{平}} = 3942.3 \text{N} \cdot \text{s/m}$$

根据式（3-40），有

$$K_{\text{平}} = \frac{30C}{\pi nS}(S_0^2 - S^2)^{\frac{1}{2}} = 3373.5 \text{N} \cdot \text{s/m}$$

各种方法的计算结果汇总见表3-5。

表3-5 各种方法计算结果汇总　　　　　　　　　　（单位：N·s/m）

阻尼系数	特定值法			平均值法		
	式（3-25）	式（3-26）	式（3-34）	式（3-38）	式（3-39）	式（3-40）
$K_{\text{压}}$	1073	1318	1098	1589	1344	
$K_{\text{拉}}$	3218	3954	4393	4707	6541	
K	2145	2636	2746	3148	3942	3374
$K_{\text{压}}/K_{\text{拉}}$	0.33	0.33	0.25	0.34	0.21	

（3）三种方法的分析评价

以上三种方法均有一定道理，那么，到底哪种方法更接近于实际、更适于实用呢？仅通过特定值法和平均值法的计算，从表中所列数据可以明显看出：同一示功图，由于计算处理的方法不一样，阻尼系数的数值差别却如此之大，但若我们把这些数据和 $P-v$ 图的趋态相对照，也不难得到如下结论，如图3-34所示。

按特定值法所确定的阻尼系数 $K_{\text{特}} = \dfrac{P_{\text{特}}}{v_{\text{特}}}$，当 $v_{\text{特}}$ 不超过卸荷速度 $v_{\text{卸}}$ 时，是和按 $P-v$ 图法所确定的阻尼系数基本一致的。作为"双百"规范的试验台和一般汽车减振器，$v_{\text{特}}$（即 $v_{\max}$）大于 $v_{\text{卸}}$，因为 $v_{\max} = R\omega\sin\varphi = \dfrac{S\omega}{2} = \dfrac{0.083 \times \pi \times 100}{60} =$

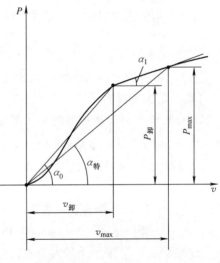

图3-34 三种方法对比

0.435m/s，而 $v_{\text{卸}}$ 超不过0.35m/s，所以当 $v_{\text{特}}$ 大于 $v_{\text{卸}}$ 时，$K_{\text{特}} = \dfrac{P_{\max}}{v_{\max}}$ 小于按 $P-v$ 图法确定的卸荷之前的阻尼系数，而又大于卸荷之后的阻尼系数。

$P-v$ 图法较为形象地表达了阻力与速度的相互关系，表达了阻尼系数的变化趋势。从理论上讲，阻尼系数 $K = dP/dv$ 是合理的。然而，曲线在每一点都有一个斜率，若近似地当作直线处理，那在实质上就和特定值法没有区别了，只不过是趋近的点多而已。况且画一组示功图较为麻烦，作为检验设计是不太方便的。

特定值法只是孤立地考虑一个点，而忽视了示功图的全面的实际情况。平均值法则不同：在①、②两种情况中，既联系了示功图的整个面积，又考虑了速度的平均值，故用此方法确定的阻尼系数不同于前述的两种方法所确定的值。它比 $P-v$ 图法卸荷前的要小，比卸荷后的要大，再由于 v_{max} 超过 $v_{卸}$，所以它也必然要大于按特定值法所确定的数值。表 3-5 中的数值正好说明了这一情况。

减振器是装于汽车上使用的，在不少路面上的最大线速度都将超过卸荷速度。那么，设计者选择阻尼系数时到底选的是卸荷之前的呢？还是之后的呢？之前之后都不能充分结合实际，所以平均值法所确定的数值描绘了全周期的情况，比较合于实际情况。

在平均值法的第一种情况中，阻尼系数是通过令理论平均速度和按示功图上的活塞的相对位移值 S 所推得的平均速度二者相等来推解出来的。它完全不同于前述各种方法。前述各种方法皆未脱离 $P=Kv$ 这种线性假设，尽管各种方法都不同程度地联系了示功图的实际，但又被线性假设所影响，然而，平均值法第三种情况理论成分较大，虽然联系了活塞相对位移这个实际情况，但缺油、阀门情况等因素却未能考虑，特别是在扭杆刚度正反向一致的情况下，压、拉行程的阻尼系数就无法区分。虽然如此，该方法用来计算周期阻尼系数的平均值还是很值得参考的。

综合来看，平均值法①是比较合适的，不仅周期阻尼系数较为接近实际，而且压、拉阻尼系数也比较可信。压拉阻尼系数比 ξ 作为特定值法的两种情况，也是最大力之比，即

$$\xi = \frac{\alpha_{压校} A_{压\max}}{\alpha_{拉校} A_{拉\max}} = \frac{P_{压\max}}{P_{拉\max}}$$

对于平均值法，它是总功之比，即

$$\xi = \frac{\alpha_{压校} F_{压}}{\alpha_{拉校} F_{拉}} = \frac{W_{压}}{W_{拉}}$$

至于其他方法所得出的阻尼系数比，还尚待进一步研究。

（四）最大卸荷力

由图 3-26 可知，减振器的最大阻尼力 P_m 发生在 a、e 两点，其中以伸张行程更大。最大力 $P_m = \alpha_{校} A_m = Kv_m = K\pi sn/60$。

减振器的最大卸荷力 P_0 发生在阀门打开的卸荷点，其表达式为

$$P_0 = K_S v_X \tag{3-41}$$

式中　K_S——伸张行程的阻尼系数；

　　　v_X——卸荷速度，一般 $v_X = 0.15 \sim 0.30 \mathrm{m/s}$。

最大卸荷力 P_0 要小于最大力 P_m，其比值 $P_0/P_m \approx 0.8$（图 3-34）。

（五）工作缸直径 D 的确定

筒式减振器的工作缸径根据伸张行程的最大卸荷力 P_0 计算：

$$D = \sqrt{\frac{4P_0}{\pi [P](1-\lambda^2)}} \tag{3-42}$$

式中　$[P]$——工作缸最大允许压力，取 $3 \sim 4\mathrm{MPa}$；

　　　λ——连杆直径与缸筒之比，双筒式减振器取 $\lambda = 0.4 \sim 0.5$，单筒式减振器取 $\lambda = 0.30 \sim 0.35$。

减振器的工作缸直径 D 有 20、30、40、(45)、50、65 等几种（单位为 mm）。选取时应按标准选用。

储油筒直径 $D_c = (1.35 \sim 1.50)D$，壁厚取为 2mm，材料可选 20 号钢。

（六）合理的布置位置

减振器除能改善平顺性外，还能提高车身稳定性。具体作用有三点：

① 衰减振动，吸收振动能量。
② 阻碍车身侧倾，降低车身横向加速度。
③ 阻碍车身纵倾，降低车身纵向加速度。

到底如何布置减振器，才能有效地改善平顺性及有力地抵抗车身角位移和降低角加速度呢？简单说来，就是要在散热允许的情况下，使减振器产生最大的阻尼力，充分发挥其阻尼效能。

(1) 衰减振动

在此种情况下，减振器下支点 J_d 装于车桥上，上支点 J_u 装于车身上，J_d 点的运动瞬心就是悬架瞬时中心 C，如图3-35所示。如果 v 为 J_d 点的瞬时速度，α 为减振器与 $\overline{CJ_d}$ 线的夹角，那么减振器活塞的相对运动速度为 $v_x = v\sin\alpha$。如果减振器的上支点由 J_u 点改为 J'_u 点，α 取为 90°，那么 $v_x = v$，显然此时阻尼效果最佳。

(2) 阻碍车身侧倾

在此种情况下，虽然减振器的上支点仍在车身上，下支点仍在车桥上，但装于车身上的上支点的运动瞬心却是侧倾瞬时中心 O，如图3-36所示。此时，下支点放在 J'_d 点就要优于放在 J_d 点。如果侧倾中心 O 的位置较高，那么减振器的合理位置便须由内倾改为外倾了。

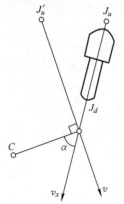

图3-35 衰减振动布置

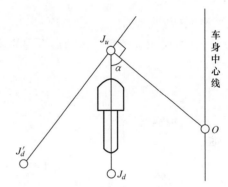

图3-36 抵抗侧倾布置

(3) 阻碍车身纵倾

此种情况和阻碍侧倾类似，不同的仅是侧倾中心变成了纵倾中心。

归纳上述三种情况，减振器的合理位置应是"瞬心－支点"连线的垂线方向，或者说减振器的方向应与支点瞬时速度的方向一致。

由上述三种情况可知，减振器有三种不同的"合理"位置。因此，具体布置时，特别需要权衡利弊，酌情而定。

第四节　汽车梯形机构

梯形机构具有特殊的地位。不同的梯形机构，在一定的内轮转角下，将有着不同的外轮转角，从而造成不同的转向特性；不同的梯形机构，在同样的车身侧倾角下，将以不同的转角牵动车轮转向，从而带来不同的转向性质和转向程度等。

由前文可知，抗倾杆、稳定装置和阻尼元件，其主要作用是抵抗车身的非正常运动。然而，梯形机构却因车身的侧倾运动而受到牵连，并带动车轮做非正常的转向，进而影响汽车的转向特性。所以必须弄清梯形机构的作用，以便正确选定其结构和布置参数，同时选取合适的侧倾瞬时中心的位置。

梯形机构有普通梯形机构和三段式梯形机构之分，下面分别研究。

一、普通梯形机构

普通梯形机构也叫整体式梯形机构，它由两个梯形臂和一根横拉杆组成。梯形机构有前梯形和后梯形之分，参见图 3-37。图中 M 为主销中心距，m 为梯形臂，θ 为梯形角。

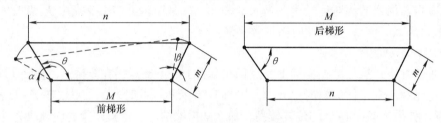

图 3-37 整体式梯形机构

（一）内外轮转角关系

当给定一个内轮转角 α 值后，由梯形机构的运动学关系可以得到相应的外轮转角 β 值，亦即

$$\beta = \pm (\theta - \delta - \omega) \tag{3-43}$$

式中 $\delta = \arccos\left(\dfrac{s^2 + m^2 - n^2}{2sm}\right)$；

$\omega = \arccos\left(\dfrac{s^2 + M^2 - m^2}{2sM}\right)$，$s = \sqrt{m^2 + M^2 - 2mM\cos(\theta \pm \alpha)}$；

α——内轮转角（°）；

β——外轮转角（°）；

θ——梯形角（梯形臂 m 与 M 线的夹角）（°）；

M——主销中心距；

m——梯形臂的长度；

n——两梯形臂球头中心距。

式中的"±"号，前梯形取正，后梯形取负。

有了梯形机构的内外轮转角关系式，就可以解决如下两个问题：

① 计算对应于内轮转角的汽车转弯半径。

② 判定梯形机构的转向特性。

下面分别研究。

（二）转弯半径的计算

汽车的转弯半径，完全决定于梯形机构。严格说来，它与轴距无关。给定了内轮转角，就有了外轮转角，有了内、外轮转角就确定了运动瞬心，亦即确定了转弯半径。这对于检验转弯半径是否符合设计要求是很有必要的。

由图3-38所示的几何关系，瞬心O至外轮中心的转弯半径（忽略主销中心至车轮中心的距离）为

$$R = \frac{\tan\alpha \sqrt{1+\tan^2\beta}}{\tan\alpha - \tan\beta}M \qquad (3-44)$$

式中 α——内轮转角；
β——外轮转角；
M——主销中心距。

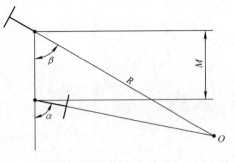

图3-38 转弯半径的确定

（三）梯形机构的转向特性

刚性车轮无滑移转向的条件是

$$L_t = \frac{M}{\dfrac{1}{\tan\beta} - \dfrac{1}{\tan\alpha}} \qquad (3-45)$$

式中 L_t——无滑移轴距（mm）；
M——主销中心距（mm）；
α、β——内外轮转角（°）。

式（3-45）中所给的条件，便是所谓的中性转向趋势。在轴距和梯形机构已定的情况下，要想始终保持这种转向，那是既无必要也无可能。不过有一个通常的参考，那就是 $\cot\theta = 0.75M/L$，$m = 0.11 \sim 0.15M$。

对于一定的梯形机构而言，当给定了一个内轮转角α之后，相应的外轮转角β就被完全确定。

一定的内外轮转角，又完全确定了车辆的运动瞬心和转弯半径。若将此时的内外轮转角代入式（3-45），由此算得的无滑移转向的理论轴距L_t，与实际的轴距L_p就不见得一致了。L_p可能大于L_t，也有可能小于L_t。它们的关系式为

$$\lambda = \frac{L_t}{L_p} \qquad (3-46)$$

式中 λ——轴距系数；
L_p——实际轴距（mm）；
L_t——无滑移转向轴距（mm）。

轴距系数不仅反映了实际轴距与梯形机构所决定的无滑移转向轴距之间的关系，而且反映了不同的转向特性趋势：

① $\lambda > 1$，为不足转向趋势。
② $\lambda = 1$，为中性转向趋势。
③ $\lambda < 1$，为过多转向趋势。

值得注意的是，随着内轮转角α的不断变化，轴距系数$\lambda = f(\alpha)$在不断变化。也就是说转向程度在不断变化，转向性质也在变化。在全部转向过程中，只有一个α点，能使$\lambda = 1$

（中性转向）。

$\lambda = 1$ 的 α 点落在哪里，这对于不同的梯形机构是完全不一样的。设计者的任务就在于合理地选定 $\lambda = 1$ 的位置，做到与已定轴距的合理匹配。

对于具体的汽车，在轴距 L_p 和梯形机构已定的情况下，可按下列步骤计算判定它的转向特性。

（1）计算无滑移转向的外轮转角

给定一系列内轮转角 α 值（前梯形不得大于 $180° - \theta$，后梯形不得大于 θ），并利用式（3-47）算出相应的无滑移转向（中性转向）的外轮转角值：

$$\beta_t = \arctan\left(\frac{1}{M/L_p + 1/\tan\alpha}\right) \qquad (3\text{-}47)$$

（2）计算梯形机构的外轮转角

以（1）项给定的内轮转角 α 值，用以梯形机构运动学关系得出的式（3-43），计算相应的梯形机构的外轮转角值。

（3）确定车轴偏离角

车轴偏离角系指在给定内轮转角下，实际梯形机构造成的转向角 δ_p 与无滑移运动的转向角 δ_t 的差。δ_p 与 δ_t 为

$$\delta_p = \frac{1}{2}(\alpha + \beta_p) \qquad (3\text{-}48)$$

$$\delta_t = \frac{1}{2}(\alpha + \beta_t) \qquad (3\text{-}49)$$

所以车轴偏离角为

$$\delta = \frac{1}{2}(\beta_p - \beta_t) \qquad (3\text{-}50)$$

由于后轴没有发生偏离，所以式（3-50）的 δ 值就是前后轴偏离角差 Δ，故可直接用于检验具体梯形机构在不同内轮转角下的转向趋势。

为了更好地观察具体梯形机构的转向性质和转向的变化过程，尚需利用已得的 δ 值绘制 $\alpha - \delta$ 曲线，如图 3-39 所示。

（4）计算无滑移转向轴距和轴距系数

计算无滑移转向轴距和轴距系数是为了考察在转向过程中，具体梯形机构在保证车轮纯滚动下的轴距变化情况。它们能较为直观地显示其转向趋势和转向程度。

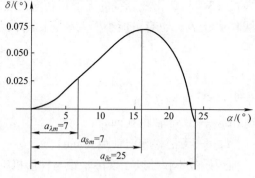

图 3-39 $\alpha - \delta$ 曲线

无滑移转向轴距为

$$L_t = \frac{M}{1/\tan\beta_p - 1/\tan\alpha} \qquad (3\text{-}51)$$

式中 L_t——无滑移转向轴距（mm）；

β_p——具体梯形机构的外轮转角（°）。

轴距系数 λ 可用式（3-46）计算。

为了观察 L_t 和 λ 值的变化过程，还应做出 $α-λ$ 曲线，如图 3-40 所示。

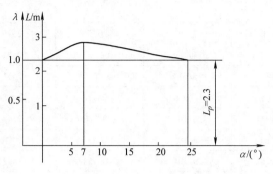

图 3-40 $α-λ$，$α-L$ 曲线

(5) 示例计算与分析

为掌握梯形机构转向特性的规律，特选择了 8 种梯形机构来进行分析计算。它们的有关参数及其计算结果均列于表 3-6 中。

表 3-6 不同梯形机构的转向特性

梯形类别	梯形编号	轴距 L/mm	梯形参数				$λ_m$ 点			$δ_m$ 点	
			M/mm	n/mm	m/mm	$θ$/(°)	$α_{λm}$/(°)	L_{tm}/mm	$λ_m$/mm	$α_{δm}$/(°)	$α_{δz}$/(°)
前梯形	A	2300	1246.8	1416.8	170	120	2	2457	1.07	12	18
	B	2300	1246.8	1390.5	170	115	6	2916	1.27	25	37
	C	2300	1246.8	1363.1	170	110	2	3739	1.63	35	52
	D	2300	1246.8	1323.3	170	103	3	5724	2.49	48	71
	E	2300	1246.8	1282.3	170	96	3	12164	5.29	61	>84
	F	2300	1246.8	1246.8	170	90	—	∞	∞	—	—
	G	2750	1370.0	1509.9	193	111.25	1	3900	1.42	44	44
后梯形	B′	2300	1390.5	1246.8	170	65	7	2649	1.15	25	25

在 8 种梯形机构中，有 7 种是前梯形。在 7 种前梯形中，编号为 A-F 的 6 种，均与 2300mm 的轴距匹配，且主销中心距均为 1246.8mm，梯形臂皆等于 170mm。不同的，只是让梯形角 $θ$ 从 120°逐步变到 90°。同时，对拉杆 n 的数值做了相应的调整。编号为 G 的前梯形是为了进行轴距变化的对比。编号为 B′的后梯形则是为了与编号为 B 的前梯形对比。

为了更好地理解表 3-6 的计算结果，特将 B′号后梯形的部分内轮转角的计算结果列于表 3-7 之中。

表 3-7 B′号后梯形机构的匹配特性

内轮转角 $α$/(°)	外轮转角/(°)		轴偏角 $δ$/(°)	无滑移轴距 L_t/(mm)	轴距系数 λ
	$β_p$	$β_t$			
5	4.778	4.750	0.014	2605	1.13
*7	6.580	6.521	0.030	2649	1.15
10	9.151	9.053	0.048	2592	1.13

(续)

内轮转角 $\alpha/(°)$	外轮转角/(°)		轴偏角 $\delta/(°)$	无滑移轴距 $L_t/(mm)$	轴距系数 λ
	β_p	β_t			
15	13.136	12.985	0.075	2515	1.09
*17	14.620	14.469	0.076	2471	1.07
20	16.742	16.611	0.065	2411	1.05
*25	19.965	19.989	-0.012	约2300	约1.00
30	22.793	23.169	-0.188	2147	0.93
35	25.210	26.195	-0.493	1998	0.87
40	27.196	29.104	-0.954	1843	0.80
45	28.728	31.932	-1.602	1687	0.73
50	29.786	34.710	-2.462	1531	0.67
55	30.354	37.467	-3.557	1380	0.60
60	30.418	40.234	-4.908	1235	0.54
65	29.975	43.040	-6.532	1097	0.48

注：* 表示该点为转折点。

从表3-7数据可知，随着内轮转角 α 的增加，轴偏角 δ 是从小到大，直至大约 $\alpha=17°$ 时达到最大值 δ_m，然后又开始减小。当 $\alpha \approx 25°$ 时，减至最小值 $\delta_z = 0$，之后变为负值，且越负越大。也就是说 B' 后梯形与2300mm轴距匹配所得的转向特性是：

当 α 在 $0° \sim 25°$ 的区间内属于不足转向趋势，而 $17° \sim 25°$ 的区间则是不足转向程度的下降区段。当 $\alpha \approx 25°$ 时，为中性转向趋势。$25°$ 之后则变为过多转向趋势。

对于无滑移转向轴距 L_t 则是从实际轴距 $L_p = 2300$mm 开始逐步增大，当 $\alpha \approx 7°$ 时达到最大值 $L_{tM} = 2649$mm。此时的轴距系数 λ 获得最大值 $\lambda_m = 1.15$。之后，L_t 值逐步回落。当 $\alpha \approx 25°$ 时，$L_t = L_p = 2300$mm，继而逐步减小。

图3-39所示的 $\alpha - \delta$ 曲线以及图3-40所示的 $\alpha - \lambda$ 曲线清楚地显示了该梯形机构的转向特性。

从表3-6数据可知，B' 号后梯形所具有的转向特性，具有普遍意义，所有梯形机构都是在内轮转角 α 的变化过程中，具有三个关键点：

① 纯滚动轴距和轴距系数获得最大值 L_{tm} 和 λ_m 的点 $\alpha_{\lambda m}$，该点一般出现在初始转角上。

② 轴偏角获得最大值 δ_m 的点 $\alpha_{\delta m}$，这是不足转向趋势由增到减的转折点。

③ 轴偏角降为零值 δ_z 的点 $\alpha_{\delta z}$，这是不足转向与过多转向的转换点，也就是中性转向点。此时的轴距系数 $\lambda = 1$，纯滚动轴距等于实际轴距，即 $L_t = L_p$。

不同的梯形机构和不同的匹配，所不同的是：

① 轴距系数的最大值 λ_m 是随梯形角 θ 的变化而变化的。θ 值越大，λ_m 值越小。一般来说 λ_m 值在 $1 \sim \infty$ 之间变化。D 号前梯形是一个实际采用的方案，而 $\lambda_m = 2.49$。也就是说，轴距变化约两倍半。不足转向程度高，跨越的区间也大。

② 轴偏角的最大值 δ_m 和零值 δ_z 也是随 θ 值的变化而变化的。θ 值越大，δ_m 和 δ_z 出现得早。值得注意的是，δ_m 和 δ_z 所对应的内轮转角 $\alpha_{\delta m}$ 和 $\alpha_{\delta z}$ 的分布还具有一定的规律性。二

者的比值，大约在式（3-52）的范围之内。

$$\xi = \frac{\alpha_{\delta m}}{\alpha_{\delta z}} = 0.67 \sim 0.68 \tag{3-52}$$

式（3-52）描述了梯形机构转向特性从量变到质变的内轮转角的变化规律。

③ 从表 3-6 的 B 号前梯形与 B' 号后梯形的计算对比中可知，前后梯形的转向特性规律没有多大不同，只是后梯形的不足转向下降点和中性转向点出现得更早。

基于上述认识，设计者在选择梯形机构时就有了主动权，改变梯形参数，就可获得不同的最大轴距系数，获得所需的不足转向下降点和中性转向点。

汽车实际的内轮转角使用值，一般不超过 30°，故中性转向点应大于此点。

（四）转向机构附加牵动轮转向

转向机构附加牵动轮转向，包含两个方面的内容：一是转向系统与悬架机构运动干涉造成的车轮转向；二是垂臂球头中心绕侧倾中心转动带来的车轮转向。这些都和梯形机构相关，下面分别研究。

1. 转向系统与悬架运动干涉的车轮转向

转向系统与悬架运动的不协调性，在可逆转向系统中，当车速较低时，往往造成方向盘的摆振。而在不可逆的转向系统中，当车速较高时，必将引起转向车轮的干涉转向。

现以图 3-41 所示的悬架和转向系统为例来研究这个问题。

图 3-41 系摆耳在后的纵置对称板簧悬架。转向系统为转向机在车轴之后的直拉杆式。图中 O 点为垂臂球头中心，M 点为节臂球头中心。当车身上下跳动或者侧倾时，M 点既以 O 点为圆心，以直拉杆长度为半径画弧运动，也以 M 点的轨迹中心 P 为圆心，以 M 点的轨迹半径 R 为半径画弧运动。二者的矛盾随悬架变化量的大小而变，或者随车身侧倾角的大小而变。

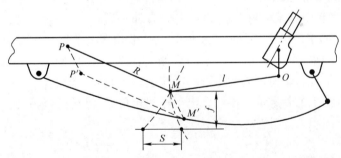

图 3-41 悬架与转向系统的运动干涉

假设悬架的变形量为 f，且 O 点与 M 点近似地在同一纵向平面内，那么两者运动的矛盾量就是 S。在同一悬架变形量的情况下，由于摆耳位置以及 O 点和 M 点的布置位置不同，矛盾量的大小也将不同，而且压缩和反弹行程也不相同。我们研究和关心的是矛盾量较大的那个行程。

如何统一这个矛盾呢？假设不考虑球头橡胶件的变形和克服各种间隙，矛盾量 S 必将转化为转向节臂和车轮的角位移，如图 3-42 所示。

根据图 3-42 的几何关系，水平方向上的矛盾量 S 为

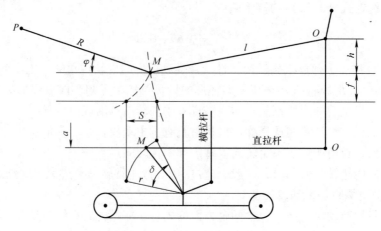

图 3-42 水平位移与角位移

$$S = \left\{R\cos\varphi - \left[R^2 - (R\sin\varphi + f)^2\right]^{\frac{1}{2}}\right\} \pm \left\{(l^2 - h^2)^{\frac{1}{2}} - \left[l^2 - (h+f)^2\right]^{\frac{1}{2}}\right\} \quad (3-53)$$

式中　R——节臂球头中心 M 的轨迹半径（mm）；

　　　φ——悬架推杆角（°）；

　　　l——直拉杆的长度（mm）；

　　　h——l 在垂直方向上的长度（mm）；

　　　f——给定悬架的垂直位移（mm）。

f 一般以车身在 0.4g 侧向加速度 j 的作用下的侧倾角 θ 来计算：

$$f = a\theta \quad (3-54)$$

式中　θ——车身侧倾角（rad）；

　　　a——节臂球头中心至车身中心线的距离（mm）。

式（3-53）中的正负号，是由垂臂球头中心 O 的位置与节臂球头中心 M 的轨迹中心 P 的位置来决定的。如果 O、P 两点在车轴的异侧（图 3-42）应取正号，同侧则取负号。由此可知，板簧固定吊耳与转向机同侧布置，可使运动干涉大为降低。

求出了水平方向上的矛盾量，便可算出车轮偏转角（梯形臂转角）为

$$\delta = \frac{S}{r} \quad (3-55)$$

式中　δ——车轮偏转角（rad）；

　　　r——节臂长度（mm）。

轴偏角到底反映了什么转向性质呢？假设方向盘内转，车身外倾，图 3-42 中的 O 点上提，这相当于 M 点下移，此时的矛盾量 S 需要节臂内转来统一，故此转向属于过多转向。反之，若方向盘外转，节臂依然外转，仍属过多转向。假若不打方向盘，只是车身上下跳动，此时必将造成车轮来回摆振。这将是不同转向趋势的交替出现。

2. 垂臂球头中心侧倾轮转向

汽车转向机构形式大多数系以纵向上的直拉杆带动转向节臂转动。然而，部分汽车的转向机构却是以横向上的横拉杆带动节臂转动，进而带动梯形臂转动。BJ212 越野汽车就属于这种形式，如图 3-43 所示。

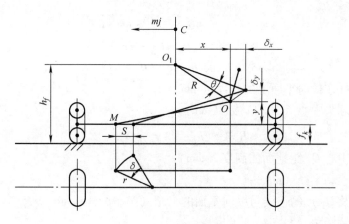

图 3-43 转向机构轮转向

由式（3-55）求出的车轮偏转角，仅是内轮偏转角，由于此偏转角较小，故可近似认为此轮偏转角就是轴偏角。

计算示例 1：

示例车型为某型乘坐车。

该车前板簧倾角 $\xi = 3°$，固定吊耳在前，簧长 $L = 1200 \text{mm}$，"柏林式"卷耳，满载弧高 $F = 7 \text{mm}$，夹紧长度 $d = 92 \text{mm}$，转向机与固定吊耳同侧。

直拉杆长度 $l = 740 \text{mm}$，垂直方向投影长 $h = 139 \text{mm}$，节臂球头中心至车身重心的距离 $a = 525 \text{mm}$，节臂长度 $r = 135 \text{mm}$。现分别计算如下：

计算推杆长度和推杆角：

$$R = 3 \times (1200 - 92)/8 = 415.5 \text{mm}$$

$$\varphi = \arcsin(7/415.5) + 3.3° = 3.97°$$

假设车身在 $0.4g$ 侧向加速度的作用下的侧倾角 $\theta = 3.5°$，那么由式（3-54）便可算出悬架变形（节臂球头中心相对车身的垂直位移）：

$$f = 525 \times 3.5/57.3 = 32 \text{mm}$$

水平方向上的矛盾量：

$$S = \left[412.5\cos3.97° - \sqrt{415.5^2 - 415.5\sin3.97° + 32} \right] -$$

$$\left[\sqrt{740^2 - 139^2} - \sqrt{740^2 - (139 + 32)^2} \right] = -3.4 \text{mm}$$

用式（3-55）计算车轮偏转角（梯形臂转角）：

$$\delta = 3.4/145 = 0.0025 \text{rad} = 1.44°$$

$1.44°$ 这个较小的轮偏角，说明该型车的布置方案是较合理的。反之，在同样条件下，如果 P、O 两点异侧布置，那么水平矛盾量将超过 10mm，轮偏角可达 $4°$ 之多。

由式（3-55）所计算的轮偏角，仅是转向机构一侧的车轮偏转角，为简化分析，此处我们就把它当作车轴偏离角。

车身在侧向加速度 j 的作用下，置于车身上的垂臂球头中心点 O 便绕侧倾瞬时中心 O_1 转过一个 θ 角。同时通过横拉杆带动节臂球头点 M 横向移动了一个距离 S。这个横向位移必然是通过节臂和车轮的偏转来实现的。它可由式（3-56）来求出：

$$S = \sqrt{l^2 - y^2} + \delta_x - \sqrt{l^2 - (y + \delta_y)^2}$$
$$\delta_x = R[\sin(\theta_o + \theta) - \sin\theta_o]$$
$$\delta_y = R[\cos\theta_o - \cos(\theta_o + \theta)] \tag{3-56}$$

式中　l——横拉杆在横向平面上的长度（mm）；

　　　x、y——垂臂球头中心点 O 的坐标（mm）；

$$R = \sqrt{(h_f - y - r_k)^2 + x^2}$$

　　　h_f——侧倾中心 O_1 距地面的高度（mm）；

　　　r_k——车轮滚动半径（mm）；

　　　θ_o——O 点及 O_1 点的连线与纵向平面的夹角（°），$\theta_o = \arcsin(x/R)$；

　　　θ——车身侧倾角（°）。

计算示例 2：

示例车型有关参数：$l = 900\text{mm}$，$x = 150\text{mm}$，$y = 40\text{mm}$，$h_f = 550\text{mm}$，$r_k = 365\text{mm}$，节臂长 $r = 145\text{mm}$。

取侧向加速度 $j = 0.4g$ 时，侧倾角 $\theta = 3.5°$。由式（3-56）可以计算如下参数：

$$R = \sqrt{(550 - 40 - 365)^2 + 150^2} = 208.6\text{mm}$$
$$\theta_o = \arcsin(150/208.6) = 46°$$
$$\delta_y = 208.6 \times [\cos46° - \cos(46° + 3.5°)] = 9.43\text{mm}$$
$$\delta_x = 208.6 \times [\sin(46° + 3.5°) - \sin46°] = 8.57\text{mm}$$
$$S = \sqrt{900^2 - 40^2} + 8.75 - \sqrt{900^2 - (40 + 9.43)^2} = 9.04\text{mm}$$

利用式（3-55）计算车轮偏转角为

$$\delta = 9.04/145 = 0.0623\text{rad} = 3.57°$$

由图 3-43 情况可知，所增 δ 角是与转弯方向一致的，故属过多转向趋势。

在其他条件相同的情况下，使侧倾中心 O_1 点降低，便可减少车轮偏转角。若使 O 点低于垂臂球头中心 O，那将使过多转向趋势变为不足转向趋势。

二、断开式梯形机构

（一）机构的设计

断开式梯形机构就是把普通梯形机构的横拉杆由整体式改为三段式的梯形机构，它是为适应独立悬架运动学需要而设计的。它有摇臂式和齿条式等多种结构形式，如图 3-44 所示。

在图 3-44 上示出了独立悬架轿车采用断开式梯形机构的前置或后置方案。它由中间部分 2 和两个侧向摆动臂 3 所组成（图 3-44a、b、c）。图中 1 为转向摇臂。有时横拉杆是由两个摆动部分 2（图 3-44d）所组成的。

断开式梯形中横拉杆断开点的位置，与独立悬架的结构形式有关。下面以双横臂独立悬架为例，说明断开点的位置应如何选择。

如图 3-45 所示，独立悬架两个横臂——上横臂和下横臂以及横拉杆都是水平布置的。若转向轮在垂直方向相对汽车车身移动距离 h，则上横臂端部点 b、下横臂端部点 d 和横拉杆端部点 f 在水平方向移动的距离分别近似为

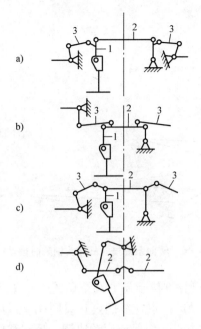

图 3-44 独立悬架的转向梯形方案

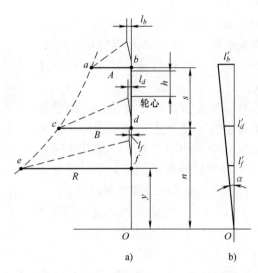

图 3-45 双横臂独立悬架杆系的布置

$$\begin{cases} l_b \approx \dfrac{h^2}{2A} \\ l_d \approx \dfrac{h^2}{2B} \\ l_f \approx \dfrac{h^2}{2R} \end{cases} \quad (3\text{-}57)$$

另一方面，为避免轮胎产生横向滑移，要求轮胎与地面接触点，即接地点不动，则当车轮与车身在垂直方向相对移动 h 以后，要求位于接地点以上的各点的横移与其所在位置的高度成正比关系，如图 3-45 所示。b、d、f 三点的横移分别是

$$\begin{cases} l'_b = (s+n)\tan\alpha \\ l'_d = n\tan\alpha \\ l'_f = y\tan\alpha \end{cases} \quad (3\text{-}58)$$

因为

$$l_b = l'_b, \ l_d = l'_d, \ l_f = l'_f$$

所以

$$Ry = Bn = A(s+n) = \dfrac{h^2}{2\tan\alpha} \quad (3\text{-}59)$$

由式（3-59）可见，在双横臂独立悬架结构中，其上、下横臂的支点和横拉杆的断开点，应布置在以接地点 O 为原点的满足式（3-59）的双曲线 a、c、e 点上。

有关断开点的位置确定方法，还有上下止点法。所谓上下止点法，就是根据转向系统和悬架系统运动协调的几何关系，在一定的转向摇臂位置和车轮相对汽车簧载质量在一定高度位置时，假定松开转向节臂球头销 C_a 时，转向节臂球头销 C_z 和横拉杆上的球头销 C_r 两点应满足下列三项要求：

① 球头销两点应重合。

② 球头销两点轨迹的切线应重合。

③ 球头销两点轨迹的曲率中心应重合。

下面通过图3-46所示的双横臂独立悬架，介绍确定转向系统横拉杆球头销瞬时摆动中心的方法。

在悬架导向机构几何参数已给定的情况下，为了确定能满足上述三项要求的横拉杆球头销的瞬时摆动中心位置，必须首先确定转向节点在两个相隔较远的位置上，譬如跳至上止点和下止点位置时的瞬时摆动中心。

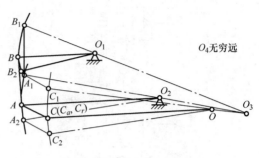

图3-46 转向系统横拉杆球头销瞬时摆动中心

如图3-46所示，当悬架的导向机构和节臂作为一个刚体上跳至上止点时，图上 A、B、C 三点分别位于 A_1、B_1、C_1 位置，跳至下止点时则分别位于 A_2、B_2、C_2 三点。在上止点时，B_1 与 O_1 点连线的延长线同 A_1 与 O_2 点连线的延长线相交于 O_3 点，此点即是悬架的瞬时摆动中心。为保证运动协调，悬架和横拉杆球头销 C_1 点的摆动中心应落在 C_1 点与 O_3 点的连线 C_1O_3 上。同理，当悬架下落至下止点位置时，A_2 点与 O_2 点连线的延长线同 B_2 点与 O_1 点连线的延长线交于 O_4 点，C_2 点的摆动中心应该位于直线 C_2O_4 或其延长线上。如果把断开点取在线段 C_1O_3 与 C_2O_4 的延长线的交点 O，则至少保证在上止点和下止点两个相隔较远的位置上，转向系统和悬架系统运动协调一致。故经常把 O 点选为转向系统横拉杆球头销的中心。

（二）内外轮转角关系

从普通梯形机构一节可知，知道内外轮转角关系，不仅可以求出整车转弯半径，而且也能掌握梯形机构的转向特性。

如何求出断开式梯形机构的内外轮转角关系呢？研究这个问题可分两步走：

第一步：假设内轮梯形臂绕主销转过一个 α 角，并通过保持长度不变的过渡拉杆，带动横拉杆水平位移一个 S（或摆臂转过一个 δ 角），从而得到一个关系式 $S = f(\alpha)$，或 $\delta = f(\alpha)$。

第二步：把横拉杆的水平位移 S 作为输入（或把 δ 作为输入），外轮梯形臂的转角 β 作为输出，建立 $\beta = F(S)$ 或 $\beta = F(\delta)$ 的关系式。这就相当于得到了 $\beta = f(\alpha)$ 的关系式。

具体推导过程从略，此处直接列出摆臂式和齿条式两种梯形机构的内外轮转角关系式。

（1）摆臂三段式内外轮转角关系（图3-47）

$$\beta = f(\alpha)$$

第一式：$\delta = f(\alpha)$

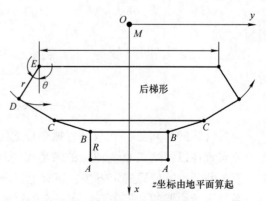

图3-47 摆臂式内外轮转角关系

$$\delta = \arcsin\left[\frac{B[SC + \sqrt{C^2 + (1-S^2)B^2}]}{C^2 + B^2}\right] \quad (3\text{-}60)$$

式中

$$S = \frac{B^2 + C^2 + r^2 - A}{2Br}$$

$$A = (x_{C0} - x_{D0})^2 + (y_{C0} - y_{D0})^2$$

$$r = \sqrt{(x_{D0} - xE)^2 + (y_{D0} - y_{E0})^2}$$

$$B = x_{C0} - x_{E0} + R - r\cos(\theta - \alpha)$$

$$R = x_{A0} - x_{B0}$$

$$C = y_{C0} - y_{E0} - r\sin(\theta - \alpha)$$

$$\theta = \arctan\left(\frac{y_{D0} - y_{E0}}{x_{D0} - x_{E0}}\right)$$

第二式：$\beta = f(\delta)$

$$\beta = \arcsin\left\{\frac{B[SC + \sqrt{C^2 + (1-S^2)B^2}]}{C^2 + B^2}\right\} - \theta \quad (3\text{-}61)$$

式中

$$S = \frac{B^2 + C^2 + r^2 - A}{2Br}$$

$$A = (x_{C0} - x_{D0})^2 + (y_{C0} - y_{D0})^2$$

$$r = \sqrt{(x_{D0} - x_{E0})^2 + (y_{D0} - y_{E0})^2}$$

$$B = x_{C0} - x_{E0} + R(1 - \cos\delta)$$

$$R = x_{A0} - x_{B0}$$

$$C = y_{C0} - y_{E0} + R\sin\delta$$

$$\theta = \arctan\left(\frac{y_{D0} - y_{E0}}{x_{D0} - x_{E0}}\right)$$

注意：
① 假定梯形臂反时针转动时，D、C 两点的 z 坐标不变。
② D、C 两点间的空间杆长恒定。
③ 假定 "$C-C-B-B$" 刚体保持平动。

（2）齿条三段式内外轮转角的关系（图3-48）

$$\beta = f(\alpha)$$

第一式：$S = f(\alpha)$

$$S = \frac{P}{2} \pm \sqrt{\left(\frac{P}{2}\right)^2 - Q} \quad (3\text{-}62)$$

式中　　$P = 2[y_{A0} - y_{C0} - r\sin(\theta - \alpha)]$

$$Q = R_1 - R_2$$

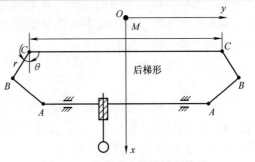

图3-48　齿条式内外轮转角关系

$$R_1 = (x_{A0} - x_{C0})^2 + (y_{A0} - y_{C0})^2 + (x_{B0} - x_{C0})^2 +$$

$$(y_{B0} - y_{C0})^2 - (x_{A0} - x_{B0})^2 - (y_{A0} - y_{B0})^2$$

$$R_2 = 2r[(x_{A0} - x_{C0})\cos(\theta - \alpha) + (y_{A0} - y_{C0})\sin(\theta - \alpha)]$$

$$r = \sqrt{(x_{B0} - x_{C0})^2 + (y_{B0} - y_{C0})^2}$$

第二式：$\beta = f(S)$

$$\beta = \arcsin\left[\frac{-b \pm \sqrt{b^2 - 4ac}}{2a}\right] - \theta \tag{3-63}$$

式中

$$a = 4r^2\left[(y_{A0} - y_{C0} + s)^2 + (x_{A0} - x_{C0})^2\right]$$

$$b = 4rT(y_{A0} - y_{C0} + s)$$

$$c = T^2 - 4r^2(x_{A0} - x_{C0})^2$$

$$T = (x_{A0} - x_{B0})^2 + (y_{A0} - y_{B0})^2 - (x_{A0} - x_{C0})^2 - (y_{A0} - y_{C0} + s)^2 - r^2$$

$$r = \sqrt{(x_{B0} - x_{C0})^2 + (y_{B0} - y_{C0})^2}$$

$$\theta = \arctan\left(\frac{y_{B0} - y_{C0}}{x_{B0} - x_{C0}}\right)$$

式中　　x、y、z——为 A、B、C 三点满载时的原始坐标；

r——梯形臂的顶视投影长度；

θ——r 与 x 轴的夹角。

（三）侧倾牵动车轮偏转角

稳态转向特性是汽车操纵稳定性的主要方面，而影响稳态转向特性的因素亦很多，诸如转向系统的侧倾牵动、转向系统与悬架的运动干涉、弹性车轮的侧倾偏离（包括负荷分配和角刚度比等）、悬架导向杆系的侧倾牵动、地面切向反力的影响等。

实践证明，上述因素对转向特性的影响并非是等量齐观的，而是有轻有重的。例如，悬架导向杆系的牵动只有理论上的意义，在 $0.4g$ 侧向加速度作用下，带来的轴偏角不会超过 $0.5°$。然而，有的因素却是不可忽视的，例如，转向机构在 $0.4g$ 侧向加速度的作用下，不少车辆的轴偏角可能达到 $5°$ 以上。特别值得指出的是，当改动侧倾中心的高度之后，不仅可以改变侧偏角的大小，而且可以改变转向特性的性质。这是改善操纵稳定性最为有效的措施，是应首先考虑的结构因素。因此，本书着重研究了三段式梯形机构在高、低侧倾中心两种情况下是如何影响汽车操纵稳定性的。

1. 机理及基本假设

（1）机理

三段式梯形机构如图 3-49 所示，其中点 A 为转向机与转向摇臂的连接点，$\overline{AB}$ 为转向摇臂，$\overline{DE}$ 为梯形臂，E 点为与主销连接点。

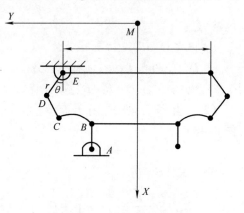

图 3-49　三段式梯形机构

注意：A、B、C 三点置于车身之上，D、E 两点位于车轮之上。

三段式梯形机构是如何影响汽车转向特性的呢？汽车车身（悬挂质量）因汽车转弯而受到一个侧向加速度的作用，因此，便绕着侧倾瞬时轴线转过一个 α 角。置于车身之上的点 C 便绕着点 C 所在平面的侧倾瞬时中心 O' 点转过一个 α 角，参见图 3-50，进而通过 CD

杆牵动转向梯形臂 DE 绕着主销中心 E 点转过一个 $\Delta\theta$ 角,如图 3-51 所示。转向节臂转过 $\Delta\theta$ 角,即转向车轮产生了一个附加偏转角 $\Delta\theta$。左右车轮附加偏转角的均值便是轴偏角。

这个轴偏角的方向,如果与汽车的转弯方向一致,便是过多转向趋势;如果与汽车的转弯方向相反,便是不足转向趋势。

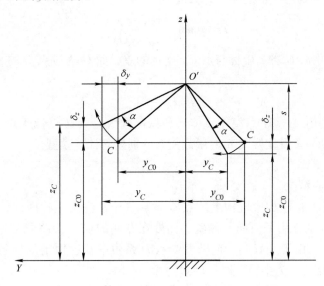

图 3-50　点 C 绕 O' 点转动

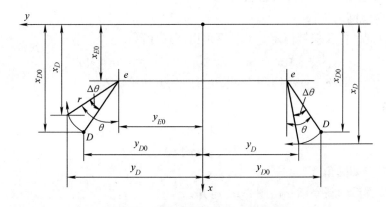

图 3-51　转向节臂的转角(轮偏角)

(2) 基本假设

① 设 C、D、E 三点的原始坐标为:

点 C:x_{C0},y_{C0},z_{C0}。

点 D:x_{D0},y_{D0},z_{D0}。

点 E:x_{E0},y_{E0},z_{E0}。

② 设 C、D、E 三点位移后的新坐标为:

点 C:x_C,y_C,z_C。

点 D:x_D,y_D,z_D。

点 E:x_E,y_E,z_E。

③ 设转向节臂绕点 E 转动时，Z 坐标保持不变。
④ 设 r 为转向节臂在 xy 平面上的投影，其值为

$$r = \sqrt{(x_{D0} - x_{E0})^2 + (y_{D0} - y_{E0})^2} \tag{3-64}$$

⑤ 设 θ 为转向节臂与 x 轴的夹角，其值为

$$\theta = \arctan\left(\frac{|y_{D0} - y_{E0}|}{|x_{D0} - x_{E0}|}\right) \tag{3-65}$$

⑥ 设 s 为侧倾中心 O' 的 z 坐标与点 C z 坐标的差，而 O' 为过点 C 的 yz 平面与侧倾轴线的交点。因此

$$s = z_{O'} - z_{C0} \tag{3-66}$$

下文将对高侧倾中心（O' 点高于点 C）和低侧倾中心（O' 点低于点 C）两种情况下的左、右轮偏转角 $\Delta\theta$ 与车身侧倾角 α 的函数关系分别建立计算模型。

2. 计算模型的建立

（1）高侧倾中心情况

1）左轮偏转角。由于梯形机构上的点 C 系悬置于车身之上，因此，当汽车左转弯时，车身在侧向加速度 j 的作用下便向右倾斜，而处在左侧的点 C 便绕侧倾中心 O' 向左上方转移，如图 3-50 所示。由于点 C 与转向节臂端点 D 系由一长度恒定的杆与之相连的，因此，点 D 便以点 E 为圆心、r 为半径顺时针转过一个 $\Delta\theta$ 角，如图 3-51 所示。$\Delta\theta$ 角就是左轮偏转角。由于 $\Delta\theta$ 角的方向与汽车转弯方向相反，所以此种情况为不足转向趋势。

下面具体推求 $\Delta\theta = f(\alpha)$ 的关系式。

① C、D 两点间的杆长 l。

C、D 两点间的杆长保持恒定，其长度可由下式计算：

$$l^2 = (x_{C0} - x_{D0})^2 + (y_{C0} - y_{D0})^2 + (z_{C0} - z_{D0})^2 \tag{3-67}$$

② 点 C 位移后的新坐标。由图 3-50 可知点 C 的新坐标为

$$\begin{cases} x_C = x_{C0} \\ y_C = y_{C0} + \alpha s \\ z_C = z_{C0} + \alpha y_{C0} \end{cases} \tag{3-68}$$

式中　α——车身侧倾角（°）。

③ 点 D 位移后的新坐标。由图 3-51 可知，

$$\begin{cases} x_D = x_{E0} + r\cos(\theta + \Delta\theta) \\ y_D = y_{E0} + r\sin(\theta + \Delta\theta) \\ z_D = z_{D0} \end{cases} \tag{3-69}$$

式中　$\Delta\theta$——左轮偏转角（°）；
　　　θ——转向节臂的初相角（°）。

④ 推导 $\Delta\theta = f(\alpha)$ 的关系式。

由于 C、D 两点间的杆长恒定为 l，故有

$$l^2 = (x_C - x_D)^2 + (y_C - y_D)^2 + (z_C - z_D)^2 \tag{3-70}$$

将式（3-67）～式（3-69）代入式（3-70）后，可得

$$A - [B - r\cos(\theta + \Delta\theta)]^2 - [C - r\sin(\theta + \Delta\theta)]^2 = 0 \tag{3-71}$$

式中　$A = M - N$；
$M = (x_{C0} - x_{D0})^2 + (y_{C0} - y_{D0})^2 + (z_{C0} - z_{D0})^2$；
$N = (z_{C0} - z_{D0} + y_{C0}\alpha)^2$；
$B = x_{C0} - x_{E0}$；
$C = y_{C0} - y_{E0} + s\alpha$。

2）右轮偏转角。当汽车左转弯时，右侧的点 C 便绕侧倾瞬时中心 O' 向左下方转移，从而通过 CD 杆牵动转向节臂顺时针转过一个 $\Delta\theta$ 角（图 3-50 和图 3-51）。由于 $\Delta\theta$ 角的方向与汽车转弯方向相反，故此种情况为不足转向趋势。下面具体推导 $\Delta\theta = f(\alpha)$ 的关系式。

① 点 C 位移后的新坐标。由图 3-50 关系可知，点 C 的新坐标为

$$\begin{cases} x_C = x_{C0} \\ y_C = y_{C0} - \alpha s \\ z_C = z_{C0} - \alpha y_{C0} \end{cases} \quad (3\text{-}72)$$

② 点 D 位移后的新坐标。由图 3-51 关系可知，点 D 的新坐标为

$$\begin{cases} x_D = x_{E0} + r\cos(\theta - \Delta\theta) \\ y_D = y_{E0} + r\sin(\theta - \Delta\theta) \\ z_D = z_{D0} \end{cases} \quad (3\text{-}73)$$

③ $\Delta\theta = f(\alpha)$ 的关系式。由于杆长 l 恒定，故式（3-70）依然成立。将式（3-67）、式（3-72）和式（3-73）代入式（3-70）后，可得

$$A - [B - r\cos(\theta - \Delta\theta)]^2 - [C - r\sin(\theta - \Delta\theta)]^2 = 0 \quad (3\text{-}74)$$

式中　$A = M - N$；
$M = (x_{C0} - x_{D0})^2 + (y_{C0} - y_{D0})^2 + (z_{C0} - z_{D0})^2$；
$N = (z_{c0} - z_{d0} + y_{c0}\alpha)^2$；
$B = x_{C0} - x_{E0}$；
$C = y_{C0} - y_{E0} - s\alpha$。

3）左、右轮综合计算式。将式（3-71）和式（3-74）合并，便可得到高侧倾瞬时中心（不足转向）左右轮侧偏角的综合计算式：

$$A - [B - r\cos(\theta \pm \Delta\theta)]^2 - [C - r\sin(\theta \pm \Delta\theta)]^2 = 0 \quad (3\text{-}75)$$

式中　$A = M - N$；
$M = (x_{C0} - x_{D0})^2 + (y_{C0} - y_{D0})^2 + (z_{C0} - z_{D0})^2$；
$N = (z_{C0} - z_{D0} \pm y_{C0}\alpha)^2$；
$B = x_{C0} - x_{E0}$；
$C = y_{C0} - y_{E0} \pm s\alpha$。

注意：式中正负号，左轮取"+"号，右轮取"-"号。z 坐标为距地面高度，x、y 坐标一律取正值。

对式（3-75）经进一步求解后可得高侧倾中心情况下的左右轮偏转角的显式计算式：

$$\pm\Delta\theta = \arcsin\left[\frac{B(RC + \sqrt{C^2 + B^2(1 - R^2)})}{B^2 + C^2}\right] - \theta \quad (3\text{-}76)$$

式中 $R = \dfrac{B^2 + C^2 + r^2 - A^2}{2Br}$;

$A = M - N$;

$M = (x_{C0} - x_{D0})^2 + (y_{C0} - y_{D0})^2 + (z_{C0} - z_{D0})^2$;

$N = (z_{C0} - z_{D0} \pm y_{C0}\alpha)^2$;

$B = x_{C0} - x_{E0}$;

$C = y_{C0} - y_{E0} \pm s\alpha$;

$s = z_{O'} - z_{C0}$;

$r = \left((x_{E0} - x_{D0})^2 + (y_{E0} - y_{D0})^2\right)^{0.5}$;

$\theta = \arctan\left(\dfrac{|y_{D0} - y_{E0}|}{|x_{D0} - x_{E0}|}\right)$。

说明：

① z 坐标为距地面的高度，x，y 坐标一律取正值。

② 式中的正负号，左轮取"+"号，右轮取"-"号。

③ $z_{O'}$ 为侧倾中心 O' 的 z 坐标，O' 为过点 C 的 yz 平面与侧倾瞬时轴线的交点。α 系车身侧倾角（rad）。

（2）低侧倾中心情况

1）左轮偏转角。由于梯形机构上的 C 点悬置于车身之上，因此当汽车左转弯时，车身在侧向加速度 j 的作用下，便向右侧倾斜。此时处在左侧的 C 点便绕侧倾瞬时中心 O' 向右上方转移；而处在右侧的 C 点便绕 O' 向右下方转移，如图 3-52 所示。由于 C 点与转向节臂端点 D 系由一长度恒定的杆与之相连，因此，点 D 便以点 E 为圆心、r 为半径逆时针转过一个 $\Delta\theta$ 角，如图 3-53 所示。由于 $\Delta\theta$ 角的方向与汽车转弯方向一致，故此种情况为过多转向趋势。

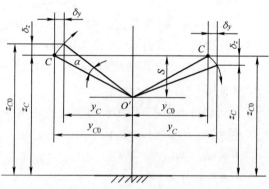

图 3-52 点 C 绕 O' 点转动

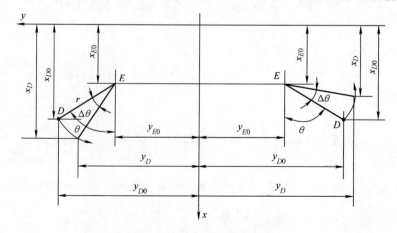

图 3-53 转向节臂绕主销的转角

下面具体推求 $\Delta\theta=f(\alpha)$ 的关系式。

① C、D 两点间的杆长 l。C、D 两点间的杆长保持恒定，其长度可由式（3-67）计算。

② 点 C 位移后的新坐标。由图 3-52 关系可知：

$$\begin{cases} x_C = x_{C0} \\ y_C = y_{C0} - \alpha s \\ z_C = z_{C0} + \alpha y_{C0} \end{cases} \quad (3\text{-}77)$$

式中　α——车身侧倾角（rad）。

③ 点 D 位移后的新坐标。由图 3-51 可知：

$$\begin{cases} x_D = x_{E0} + r\cos(\theta - \Delta\theta) \\ y_D = y_{E0} + r\sin(\theta - \Delta\theta) \\ z_D = z_{D0} \end{cases} \quad (3\text{-}78)$$

式中　$\Delta\theta$——左轮偏转角（°）；

　　　θ——转向节臂的初相角（°）。

④ $\Delta\theta=f(\alpha)$ 的关系式：由于 C、D 两点间的杆长恒定为 l，有

$$l^2 = (x_C - x_D)^2 + (y_C - y_D)^2 + (z_C - z_D)^2 \quad (3\text{-}79)$$

将式（3-67）~式（3-78）代入式（3-79）后，可得

$$A - [B - r\cos(\theta - \Delta\theta)]^2 - [C - r\sin(\theta - \Delta\theta)]^2 = 0 \quad (3\text{-}80)$$

式中　$A = M - N$；

　　　$M = (x_{C0} - x_{D0})^2 + (y_{C0} - y_{D0})^2 + (z_{C0} - z_{D0})^2$；

　　　$N = (z_{C0} - z_{D0} + y_{C0}\alpha)^2$；

　　　$B = x_{C0} - x_{E0}$；

　　　$C = y_{C0} - y_{E0} - s\alpha$。

2）右轮偏转角。当汽车左转弯时，右侧的点 C 便绕侧倾瞬时中心 O' 向右下方转移，如图 3-52 所示，从而通过 CD 杆牵动转向节臂逆时针转过一个 $\Delta\theta$ 角，如图 3-53 所示。由于 $\Delta\theta$ 角的方向与汽车转弯方向一致，故此种情况为过多转向趋势。下面具体推导 $\Delta\theta=f(\alpha)$ 的关系式。

① 点 C 位移后的新坐标。由图 3-52 关系可知：

$$\begin{cases} x_C = x_{C0} \\ y_C = y_{C0} + \alpha \\ z_C = z_{C0} - \alpha y_{C0} \end{cases} \quad (3\text{-}81)$$

② 点 D 位移后的新坐标。由图 3-53 关系可知：

$$\begin{cases} x_D = x_{E0} + r\cos(\theta + \Delta\theta) \\ y_D = y_{E0} + r\sin(\theta + \Delta\theta) \\ z_D = z_{D0} \end{cases} \quad (3\text{-}82)$$

③ $\Delta\theta=f(\alpha)$ 关系式：将式（3-67）、式（3-81）和式（3-82）代入式（3-79）后，可得

$$A - [B - r\cos(\theta + \Delta\theta)]^2 - [C - r\sin(\theta + \Delta\theta)]^2 = 0 \quad (3\text{-}83)$$

同时有
$$A = M - N$$

式中　$M = (x_{C0} - x_{D0})^2 + (y_{C0} - y_{D0})^2 + (z_{C0} - z_{D0})^2$；

$N = (z_{C0} - z_{D0} - y_{C0}\alpha)^2$；

$B = x_{C0} - x_{E0}$；

$C = y_{C0} - y_{E0} + s\alpha$。

3) 左、右轮综合计算式。将式（3-80）和式（3-83）合并，便可得低侧倾瞬时中心（过多转向）左、右轮偏转角的综合计算式为

$$A - [B - r\cos(\theta \mp \Delta\theta)]^2 - [C - r\sin(\theta \mp \Delta\theta)]^2 = 0 \tag{3-84}$$

同时有
$$A = M - N$$

式中　$M = (x_{C0} - x_{D0})^2 + (y_{C0} - y_{D0})^2 + (z_{C0} - z_{D0})^2$；

$N = (z_{C0} - z_{D0} \pm y_{C0}\alpha)^2$；

$B = x_{C0} - x_{E0}$；

$C = y_{C0} - y_{E0} \mp s\alpha$。

注意：式中正负号，左轮取负，右轮取正。利用式（3-84）还可导出左、右轮偏转角的显式计算式：

$$\mp \Delta\theta = \arcsin\left\{\frac{B(RC + \sqrt{C^2 + B^2(1 - R^2)})}{B^2 + C^2}\right\} - \theta \tag{3-85}$$

同时有
$$R = \frac{B^2 + C^2 + r^2 - A^2}{2Br}$$

$$A = M - N$$

式中　$M = (x_{C0} - x_{D0})^2 + (y_{C0} - y_{D0})^2 + (z_{C0} - z_{D0})^2$；

$N = (z_{C0} - z_{D0} \mp y_{C0}\alpha)^2$；

$B = x_{C0} - x_{E0'}$；

$C = y_{C0} - y_{E0} \mp s\alpha$；

$s = z_{O'} - z_{CO'}$；

$r = \left((x_{E0} - x_{D0})^2 + (y_{E0} - y_{D0})^2\right)^{0.5}$；

$\theta = \arctan\left(\frac{|y_{D0} - y_{E0}|}{|x_{D0} - x_{E0}|}\right)$。

说明：

① z 坐标为距地面的高度，x、y 坐标一律取正值。

② 式中的正负号，左轮取负号，右轮取正号。

③ $z_{O'}$ 为侧倾瞬时中心 O' 的 z 坐标，O' 为过点 C 的 yz 平面与侧倾瞬时轴线的交点；α 为车身侧倾角（rad）。

3. 计算示例

计算包括高、低侧倾瞬时中心两种情况以及8种车身倾角状态下的左、右轮偏转角。

（1）给定参数

① 示例梯形机构各相关点的坐标见表3-8。

② 车身侧倾角 α 的8种数值见表3-9。

表 3-8　示例梯形机构各相关点的坐标　　　　　　　　　　（单位：mm）

坐标	A	B	C	D	E
x	406	305	227	135	2
y	-239	-239	-452	-805	-770
z	508	476	487	433	436

注：z 坐标为距地面高度。

表 3-9　侧倾角 α 计算点的数值

K	1	2	3	4	5	6	7	8
$\alpha/(°)$	0.5	1.0	1.5	2.0	2.5	3.0	3.5	4.0

③ 侧倾中心 O' 距地面的高度：

高侧倾瞬时中心情况：$z_{O'} = 624.4\text{mm}$。

低侧倾瞬时中心情况：$z_{O'} = 349.6\text{mm}$。

(2) 具体计算

① 用式（3-64）计算 r：

$$r = \left[(x_{D0} - x_{E0})^2 + (y_{D0} - y_{E0})^2\right]^{0.5} = \left[(135-2)^2 + (805-770)^2\right]^{0.5} = 137.53\text{mm}$$

② 用式（3-65）计算 θ：

$$\theta = \arctan\left(\frac{|805-770|}{|135-2|}\right) = 14.74°$$

③ 用式（3-66）计算 s：

$$s = z_{O'} - z_{C0}$$

高侧倾瞬时中心情况：$s = 624.4 - 487 = 137.4\text{mm}$。

低侧倾瞬时中心情况：$s = 487 - 349.6 = 137.4\text{mm}$。

④ 用式（3-76）或式（3-85）计算 A：

$$A = M - N$$
$$M = (x_{C0} - x_{D0})^2 + (y_{C0} - y_{D0})^2 + (z_{C0} - z_{D0})^2$$
$$N = (z_{C0} - z_{D0} \pm y_{C0}\alpha)^2$$

左轮：$A = 135989 - (54 + 452\alpha)^2$。

右轮：$A = 135989 - (54 - 452\alpha)^2$。

⑤ 用式（3-76）或式（3-85）计算 B：

$$B = x_{C0} - x_{E0} = 227 - 2 = 225\text{mm}$$

⑥ 用式（3-76）或式（3-85）计算 C：

高左、低右：

$$C = y_{C0} - y_{E0} + s\alpha = 452 - 770 + 137.4\alpha = 137.4\alpha - 318$$

高右、低左：

$$C = y_{C0} - y_{E0} - s\alpha = 452 - 770 - 137.4\alpha = -(137.4\alpha + 318)$$

⑦ 用式（3-76）或式（3-85）计算 R：

$$R = \frac{B^2 + C^2 + r^2 - A^2}{2Br} = \frac{69539.5 + C^2 - A^2}{61888.5}$$

⑧ 用式（3-76）或式（3-85）计算 $\Delta\theta$。上述计算结果，分别见表3-10 和表3-11。

表3-10 低侧倾瞬时中心的车轮偏转角和轴偏角

车身倾角 α/(°)		0.5	1.0	1.5	2.0	2.5	3.0	3.5	4.0
左轮	A/mm	132631	132159	131655	131120	130554	129957	129329	128669
	C/mm	-319.2	-320.4	-321.6	-322.8	-324.0	-325.2	-326.4	-327.6
	R	0.6269	0.6469	0.6675	0.6887	0.7013	0.7325	0.7552	0.7786
	θ/(°)	0.73	1.49	2.26	3.06	3.86	4.69	5.54	6.41
右轮	A/mm	133483	133863	134211	134528	134814	135069	135293	135485
	C/mm	-316.8	-315.6	-314.4	-313.2	-312.0	-310.8	-309.6	-308.4
	R	0.5885	0.5701	0.5522	0.5349	0.5183	0.5021	0.4864	0.4714
	θ/(°)	0.72	1.42	2.10	2.78	3.41	4.04	4.65	5.24
轴偏角 θ/(°)		0.725	1.455	2.182	2.918	3.635	4.364	5.096	5.826

表3-11 高侧倾瞬时中心的车轮偏转角和轴偏角

车身倾角 α/(°)		0.5	1.0	1.5	2.0	2.5	3.0	3.5
左轮	A/mm	132631	132159	131655	131120	130554	129957	129329
	B/mm	225	225	225	225	225	225	225
	C/mm	-316.80	-315.60	-314.40	-313.20	-312.01	-310.81	-309.61
	$\Delta\theta_l$/(°)	0.235	0.448	0.642	0.818	0.972	1.111	1.230
右轮	A/mm	133483	133863	134211	134528	134814	135069	135293
	B/mm	225	225	225	225	225	225	225
	C/mm	-319.20	-320.40	-321.60	-322.80	-324.19	-325.19	-326.39
	$\Delta\theta_r$/(°)	0.246	0.514	0.800	1.104	1.426	1.762	2.119
轴偏角 $\Delta\theta$/(°)		0.241	0.481	0.721	0.961	1.199	1.437	1.675

从表3-10 和表3-11 中的计算结果可知，车轮偏角和轴偏角都是随车身侧倾角的增大而增大的。本示例梯形机构在高、低侧倾瞬时中心两种情况下的轴偏角皆为正值，说明高侧倾瞬时中心的情况为不足转向趋势，低侧倾瞬时中心的情况为过多转向趋势。此外，轴偏角的数值都是较大的，特别是低侧倾瞬时中心的情况，例如当 $\alpha=4°$ 时，轴偏角已超过 $5.8°$，说明其过多转向的程度十分严重。

4. 结论

三段式转向梯形机构是影响汽车操纵稳定性的重要系统，它与侧倾瞬时中心一起决定着转向特性的性质和程度。高侧倾瞬时中心产生不足转向趋势，低侧倾瞬时中心产生过多转向趋势。设计汽车时，不仅要适当调整梯形机构的结构参数，而且特别要相对提高侧倾瞬时中心的高度。

参 考 文 献

[1] 彭莫．关于车身稳定性的问题［J］．天津汽车，1985，12（2）：1－23．
[2] 彭莫．角刚度与角刚度比［J］．天津汽车，1981，7（1）：15－33．
[3] 彭莫．非对称板簧的有关问题［J］．天津汽车，1993，3（1）：16－19．
[4] 徐继，顾严平，彭莫．多轴汽车的特性参数［J］．汽车工程，1996，2（1）：20－25．
[5] 党潇正，张连洪，岳惊涛，等．多轴汽车的越障问题［J］．汽车工程，2014（1）：119－124．
[6] 党潇正，张连洪，周良生，等．多轴汽车负荷分配的建模验证与计算的研究［J］．汽车工程，2014（9）：1122－1126．
[7] 彭莫，周良生，岳惊涛，等．多轴汽车［M］．北京：机械工业出版社，2014．
[8] 彭莫，刁增祥，党潇正．汽车悬架构件的设计计算［M］．2版．北京：机械工业出版社，2016．
[9] 余志生．汽车理论［M］．北京：机械工业出版社，1981．
[10] 刘惟信．汽车设计［M］．北京：清华大学出版社，2001．